「こころの教育」への提言

教育荒廃にあえぐ子ども・父母・教師に贈る

高橋弘通

海鳥社

「こころの教育」への提言◉目次

序章
教育荒廃をもたらした受験戦争の直中で

福沢諭吉の胸像の前で
（福沢旧邸。平成３年）

「こころの教育」とか「こころの時代」とかいう言葉がマス・メディアに登場するようになったのは、高度経済成長が終焉を告げた石油危機以後の昭和五十年代中頃からである。その背景には、校内暴力やいじめ、不登校などの教育荒廃現象と、その要因としての受験戦争がある。

ここでいう「こころの教育」という言葉は、受験教育と対置されるもので、礼儀作法を仕込むという形での狭い意味の道徳教育を意味しない。人間としての生き方を教師と子どもが共に探求する教育であり、人間教育と言い換えてもよい。教育には、人間に秘められた多様な能力の全面的な開花を援助する働きと、その開花された能力を振り向けるべき善い目的について考えさせる働きとの、二つの側面があると考えられる。前者は「文化」に属し、後者は「道徳」に属すると言ってよい。「こころの教育」は、特に後者を重視しなければならない。これが教育のあるべき姿であるが、戦後の教育の現実は、本質から遠く乖離《かいり》している。その要因は受験戦争であることは明らかである。

受験戦争は、高度経済成長のもたらした有害な副産物の一つである。戦後史は敗戦後の廃墟の中から再出発し、国民の勤勉と科学技術を元手に、朝鮮戦争による特需を契機として戦後復興を達成し、昭和三十年代以降、高度経済成長に向かってまっしぐらに進んでいった。こうして財界の人材確保の要求と、国民大衆の所得水準の向上による高学歴化への志向とがマッチし、激烈な受験戦争が起こったのである。一流大学を卒業して一流企業に就職することが、人生の幸福を手に入れるための確実なパスポートであるという信仰を生んだのである。こうして、学校は子どもと父母の願いに応じ、激烈な受験戦争の勝利者となるために、受験教育に狂奔する。

私の生涯で出会った痛恨の出来事は、母の死と敗戦であった。母の死は、私のこころに深く人生の無常を植えつけ、後述するように、京都大学入学後、久松真一先生の仏教哲学と知恩院の「継志学寮」の生活と西本願寺創立の平安学園での教師生活とによって、私を仏教思想へ開眼させることになった。

敗戦による国家主義から民主主義への国家体制と価値観の大変革は、小学校入学以来、「忠君愛国」の思想を徹底して教え込まれた〝純粋培養〟の世代であるだけに、私のこころを引き裂くほどの衝撃を与えた。それゆえ、民主主義と平和主義が唱えられても、ただ空々しく馬鹿馬鹿しいとしか受け取ることができなかった。長い惑いの日々を経て戦後民主主義を「認知」し、それを社会認識と行動の基本に据えて戦後史を評価するに至らせたのは、大学でのカントを中心とした西洋近代思想の学習と研究であった。

私の人生観の基本には、後述するように、無常と慈悲を説く仏教に導かれて「生死《しょうじ》の問題」についての「安心《あんじん》」を得、そこから再び日常的世界に還帰して「社会的な問題」に立ち向かい、戦後民主主義の原点に立って、その解決を目指す姿勢がある。これは、人生の春に京都で播かれて発芽し、さまざまな養分を吸収しながら生長しつづけた私の小さな知恵の木の実によってもたらされたものである。これが、私を育てた「こころの教育」である。

修学の地・京都を離れ、福沢諭吉の郷里・中津で教師となったのは、昭和三十年の春であった。それ以来、定年退職までの三十余年間、私は、激化する受験戦争への対応に追われ苦しめられた。受験戦争は、人生の生き方を考える「こころの教育」も、民主政治を担う主権者としての自覚を育てる教育も、高度産業社会を支える科学技術を習得する教育も、ともにスポイルするだけでなく、子どものこころを蝕む社会病理現象である。このような受験戦争の直中《ただなか》にありながらも、勉強することの意味を考え、個性を発見し、生涯学習の大切さに気づかせることを目指してささやかな実践をつづけてきた。

退職後十年余の歳月を経た今日、教育荒廃にあえぐ子どもたちと父母、教師の方々に、これからの「こころの教育」について、私を育てた「こころの教育」と私が実践した「こころの教育」に基づいて、いくつかの提言を贈りたいと思う。

第1章

私を育てた「こころの教育」

「学而寮」での夜のひととき
（福高25周年記念祭で配布された冊子より）

人生を四季に譬《たと》える人がいる。春に種が播かれ、夏に成長し、秋に収穫を迎え、そして冬に次の春を待つ。私の人生の春は、昭和の幕開けとともに始まり、戦争の足音を聞きながら育ち、苛烈な戦争の後、中学卒業の年に敗戦を迎える。この間、十歳のときに母の死という非運に見舞われる。

敗戦は母の死とともに、私の生涯における痛恨の出来事であった。母の死は、温かい家庭に包まれて育った私に、そのときには自覚することができなかったけれども、人間の「生死《しょうじ》」という人生の厳粛な事実を突きつけた。敗戦は、天皇に忠節を尽くす「滅私奉公」の倫理が否定され、それと入れ代わりに「個人の尊厳」の倫理が肯定されるという「価値」の大転換をもたらした。

多感な青年期にあった私は、「生死」と「価値」の問題に光をあてるために、普通の人生行路から外れて、京都で哲学を学ぶ道を歩くことになった。

しかし、学問の細道に迷い込んで解決の見通しすら立たないままに、ふとした縁から郷里に近い中津で高校教師となった。それ以来、戦後復興から高度経済成長を経てバブル崩壊までの戦後史の風景を、教室の窓から生徒といっしょに眺めながら過ごしてきた。これが、私にとっての人生の夏であった。この夏でもまた、その初めから終わりまで、「春」のときとは違って、いつ果てるとも知れぬ「受験戦争」と「こころの教育」との相剋《そうこく》に悩まされることになった。

定年退職とともに、私にとっての人生の秋が訪れた。秋は凋落《ちょうらく》の季節であるから寂しい、と言う人がいる。しかし、その前に収穫の時期がある。幸いにして、定年退職前後からまたしても、ふとした機縁で、これまで遠い存在であった福沢諭吉が、急に私の精神の座で主客となるようになった。毎月二回、福沢記念館の二階で「福沢諭吉先生の本を読む会」が開かれ、同好の人たちと「中津留別の書」から始めて『福翁百話』や『学問のすゝめ』、『文明論之概略』をこなして、今『福翁自伝』を読んでいる。これと並行して童心会館で、先生の孫にあたる慶応義塾大学名誉教授・清岡暎一氏の英訳本をテキストに使って、『日本婦人論』や『男女交際論』、『女大学評論・新女大学』を読んでいる。

談論風発の楽しい学習会が終わって、福沢先生の胸像に一礼し、藤棚の横を通って広場に出てから福沢旧邸を振り返って帰途につく。諭吉の里・中津に住む幸せをしみじみと味わうひとときである。

四年前から、求められるままに「私の戦中・戦後」なる自分史ふうに書いた雑文が、『田舎日日ジャーナル』に掲載された。掲載が完結した今日、現在の私が意外に過去の私のささやかな思索と体験によって養分を与えられていることに気がついたのである。「朝日新聞」の「天声人語」（一九九五年三月五日）の結びの一節に、次の言葉が目にとまった。

人の過去は、木の根に似ている。そこにあらゆる要素が養分となって人をつくり、現在を支えている。

この一節は、最近の私の気持ちにぴったりする言葉であるように思われるので、この視点に立って、私を育てた「こころの教育」への道を辿ってみようと思う。

1　父母の教えと母の死

私が生まれたとき、父はすでに四十四歳、母は四十二歳であった。上の兄二人、姉一人の末っ子であったので、私は父母の愛を一身に集めて大事に育てられた。

父は丈夫な身体と明朗闊達な精神を備え、人の世話を厭わずにする外向的な性格の持主であった。反対に、母は花車《きやしや》な体つきで心臓病に苦しみながらも、几帳面に家事をこなし、信仰心と慈愛に満ちた母性の権化《ごんげ》のような人であった。

私は、母に似て腺病質で体も弱く、ものに感じやすい性格であったから、腕白な男の子よりは勝気でよく面倒を見てくれるような女の子と遊ぶことが多かった。

明治中期生まれの父は、富国強兵を目指して明治から昭和にかけて隆々たる躍進をつづけた戦前の日本とともに生きた世代であり、その国運を担ったのが帝大を頂点とした高学歴集団であると信じていたから、私がその仲間入りすることを強く望んでいたようだ。

その頃の小学生の半数は、卒業したら中学校に進学する希望はもっていたが、それ以上の高等教育機関については、進学希望はもちろん、知識すらもっていなかった。

私が仲津小学校の六年生になり、豊津中学校受験の願書を書くとき、担任の榎本高之助先生は「お前は中学校を卒業してから、どこの学校に進み、何になるつもりか」と尋ねられた。私は、ためらうことなく「高等学校から帝国大学に行き、高等文官試験を受けて役人になろうと思っています」と答えた。

この種の知識は、大抵、父と入浴し背中を流しながら話してくれたことの反映であった。当時の少年たちは軍人志望が多く、陸軍士官学校か海軍兵学校に進学することが大きな夢であり、親や教師たちの多くもそれを望んでいたようだ。それだけに、私が高等学校に進むと言ったとき、「高等学校とは何か」と言って、級友たちが何人も寄ってきて尋ねられたことだけは、今でもはっきりと覚えている。

その後の私の進路は、父の希望とはかなり違ったものになったけれども、学問という分野が人間活動の中で重要な部門であることを知る最初のきっかけをつくってくれたのが、父であったことを感謝したい。

父が学問の世界に目を開かせてくれたのに対して、母はむしろ宗教や道徳の分野に心を向けさせてくれたようである。母も父と同じく明治中期の生まれであり、この世代の人びとの心には、まだ「地獄の思想」が生きていた。鎌倉時代に書かれた『地獄草子』とか『餓鬼草子』などが民衆の道徳心を養う手段として利用されていた。

母は、浄土真宗の篤《あつ》い信者であった。裁縫をしながら、側にいる私に、蓮如上人の「白骨の御文章《ごぶんしょう》」を口誦《こうしょう》し、その意味を話して聞かせた。

> 夫《それ》人間の浮生《ふしょう》なる相《そう》をつらつら観ずるに、およそはかなきものは、この世の始中終まぼろしのごとくなる一期なり。……されば、朝には紅顔あって夕には白骨となれる身なり。……されば、人間のはかなき事は、老少不定のさかいなれば、たれの人もはやく後生《ごしょう》の一大事を心にかけて、阿弥陀仏をふかくたのみまいらせて、念仏もうすべきもの

なり、あなかしこ。

母は、亡くなる数年前、バセドー氏病にかかり、別府の野口病院で手術を受けたが完治せず、時々起こる心臓の動悸に苦しんでいた。母が床について父が代わりに食事の支度をすることは珍しくなかった。

そんな父や母の姿を見ながら育ったので、今日盛んに論議されている夫の家事労働の分担など、私にとって議論の余地のないほど当然のことであった。ここにも〝不言〟の家庭教育があったのだと、今も思っている。

母は、私にとって文字通り「慈母」であったが、同時に子どもの「躾《しつけ》」には厳しい人であった。父は、今の農協の前身である産業組合の組合長を長く務めて家にいなかったので、私はいつも母について回って遊んでいた。

台所でご飯の炊き方を教わったり、掃除の仕方を習ったりして、何か家事の分担をさせられることが多かった。

また、遊びにいって友達と喧嘩して帰ったりしたときには、人はよくしてくれることもあるし、意地悪をすることもあるのだから、人が思いどおりにならないからといっていちいち腹を立てていたらきりがない、人は人、自分は自分、という気持ちをもたなければいけない、など〝処世〟の道を教えてくれることもあった。

私にとってかけがえのないその母が、十日ほど病床についたのち、十歳の私を残して、ついに帰らぬ人となってしまった。昭和十三年十月三十日の朝である。母は日頃よりホーム・ドクターの城戸先生から「あんたは、心臓が悪いから風邪をひいたら助からんよ」と言われていた。

その母が運命の女神のいたずらと言うのだろうか、十日ほど前に風邪をひいてしまったのである。行橋から専門医に往診してもらったが、快方に向かうことなくこの日を迎えたのである。

当時、私は小学五年生で、前日、漢口陥落を祝う旗行列に加わって稲童の浜まで行進し、雨に濡れて風邪をひいて家に帰った。

この日の母の容体は大変好く、見舞い客と歓談できるほどになっていた。私は安心して二階に上がって寝た。翌日になると容体が急変していた。長兄が私を起こしに来て「おふくろが悪い。助からないかも知れないよ」といって青ざめていた。私は飛び起きて寝間着のまま、母の病床に駆けつけた。

母は、息づかいが荒く、すでに瞳孔が開きかけていた。その容貌は、これまで見慣れていた母の顔とは違って別人のように見えた。そのとき私は、母は助からないと感じた。それから間もなく、大きな息づかいをしたあと、呼吸困難になって臨終を迎えた。午前十時を少し回っていた。

枕元に坐っていた叔母は、泣きながら仏壇の所に小走りに走っていって灯明をともした。母の魂は、私たちのもとを去って浄土に向かっていったのだという信仰が、叔母を駆《か》ってそうさせたのだと、後になってわかった。

私は、当時京都高女の三年生であった姉と窓辺に行って思い切り泣いた。窓の外には、小雨に濡れたアスナロの木が、いつもと変わらず立っていた。

いつも母は、「末っ子はむげない（かわいそうだ）、親と長く暮らせないからね」と言っていた。私に蓮如上人の「御文章」を話して聞かせたのも、病身であった自分が私を残して早く死んでいくことを予感していたのかも知れない。

当時の私にとって、母の死は、ただ悲しく心細いだけであったが、この悲しい体験が、青年期になると徐々に無常観を育み、仏教への関心を深めさせていった。母は、私の人生観の形成に深く関わっていたように思われる。

母の死は、甘えん坊であった私に、独立心を目覚めさせてくれた。これまで、母に頼っていれば何事もうまく収まっていた。その堅固な〝避難所〟が、ある日突然、音を立てて崩れたのである。このとき私は、「自分がしっかりしなければ」と固く心に誓ったのである。母の死は悲しかったが、今も私の心の中に、信仰に篤い慈愛に満ちた母の面影が宿っている。

2　戦時下の学校教育

私の生涯の中で、私の精神に大きな衝撃を与えた第二の事件は、太平洋戦争の敗戦であった。大正デモクラシーを経験し、太平洋戦争をすでに「おとな」の頭で評価することのできた世代の人たちにとって、昭和戦前は、大河内一男氏の言葉を借りれば、「暗い谷間の時代」であり、敗戦は「暗い時代」からの「解放」であったであろう。

私が生まれたのは、ニューヨークのウォール街の株式大暴落に端を発して起こった世界恐慌の前年、昭和三年であった。その前年には金融恐慌が起こり、生まれた年には関東軍による張作霖の爆殺事件が起こっている。

深刻な経済不況を解決する道を中国侵略に求めた軍部と右翼は、「昭和維新」を高唱しながら「五・一五事件」や「二・二六事件」によって政党政治を打倒し、軍部独裁を樹立した。

私が小学校に入学したのは、満州事変の結果成立した傀儡《かいらい》政権が満州帝国をつくった年であり、小学四年のときに日中戦争、中学二年のとき太平洋戦争、旧制高校一年のとき敗戦という事件を経験する。

戦前の教育の基本的枠組みは、明治中期の学校令（明治十九年＝一八八六年）と教育勅語（明治二十三年＝一八九〇年）によって決められていた。学校令は、学制や教育令の自由主義的な教育法規を改めて、国家主義の教育を進めるために制定され、教育勅語は学校令に示された国家主義の教育制度を忠君愛国の精神で満たすために発布されたものであった。

勅語の謄本《とうほん》が各学校に配布され、式日には「御真影」の前で校長による捧読《ほうどく》が義務づけられた。修身教育は、勅語の趣旨に基づいて徳目を配列した国定教科書を使って進められ、浸透させられたのであった。

学校教育の中で、紀元節とか天長節などの祝日の儀式は、修身科の授業とともに、皇室の尊厳と天皇の神聖不可侵を教え、天皇のために身命を捧げることが臣民の道であることを説くもっとも大切な教育機会であった。

小学校に入学して間もなく迎えた四月二十九日の天長節（天皇誕生日）の儀式の厳粛な雰囲気は、今も忘れることのできない光景であった。

進行係の先生の「低頭《ていとう》」という号令で一斉に首を垂れ、「開扉《かいひ》」という号令で講堂の正面に安置されていた天皇の「御真影」の扉が開かれる。その前で、教頭が捧げもっていった「勅語」を納めた黒い漆の箱から、校長がおもむろに勅語の謄本を取り出して捧読する。「朕《チン》惟《オモ》フニ我カ皇祖皇宗国ヲ肇《ハジ》ムルコト宏遠ニ徳ヲ樹《タ》ツルコト深厚ナリ……朕爾《ナンジ》臣民ト倶ニ拳々《ケンケン》服膺シテ咸《ミナ》其徳ヲ一ニセンコトヲ庶幾《コヒネガ》フ」

この間、先生も児童も首を垂れて静かに拝聴する。この日常性を超えた異様で厳粛な雰囲気は、子ども心にも天皇が神聖で自分たちとはまったく違った尊い存在であることを感得させた。それは、人の死を悼む葬儀の厳粛な場面と同じ「宗教行事」の一つであったと言ってよい。

教育勅語は、天皇が皇室の祖先神である天照大神と神武天皇以来の歴代の天皇の尊い遺訓である忠孝を中心とした徳目の実践を臣民に要求する内容になっている。

それは、個人の内面の良心（理性）に基づく近代市民社会の自律的道徳とは本質的に相容れない性格のものである。それゆえ、天皇という外的権威に支えられた他律的道徳は、敗戦による神権天皇制の廃止によって、タテの「忠孝の倫理」だけでなく対人関係を律するヨコの社会道徳をも崩壊に導く危険性を孕《はら》んでいたと言ってよい。

だが、当時の私の精神は、そのような高度な思索をしたり批判したりするにはほど遠く、ただ天皇の治める「御国《みくに》」の「弥栄《いやさか》」を一途《いちず》に願う純真な少年であった。

中学二年生になった昭和十六年十二月八日に、真珠湾攻撃とともに太平洋戦争に突入した。当時の私たちは、東亜新秩序の建設を妨害する中国を援助し、南部仏印進駐後、日本に対して石油輸出を禁止し、イギリス、オランダ、中国と経済封鎖を強める米軍を許すことはできなかった。

その上、日米交渉は一向に進展せず、国務長官ハルは、満州国を除く中国からの全面撤退、日独伊三国同盟の事実上の破棄を要求してきたので、怒り心頭に発していたのである。

だから、真珠湾攻撃とともに発せられた「宣戦の詔勅」を拝したとき、不安の気持ちなど微塵《みじん》もなかった。「軍艦マーチ」ののち、「皇軍」の大戦果があがるたびに、ラジオ放送で全校に伝えられ、どの教室でも喚声が湧き起こった。

戦局は、緒戦《しょせん》の大戦果にもかかわらず、昭和十七年六月のミッドウェー海戦に敗北してから、次第に旗色が悪くなっていった。八月にはガダルカナル島で米軍が反撃に転じ、翌十八年五月、アッツ島の玉砕、六月には山本五十六連合艦隊司令長官の戦死が発表された。

学校教育も、戦時色が濃くなり、中等学校の修業年限が五年から四年に短縮されることが昭和十七年八月に決定され、十九年四月から実施された。また、陸士、海兵、予科練、特幹など軍関係の生徒募集が一段と強化され、応募しないと肩身の狭い思いをさせられた。

軍から各学校に一定数の割り当てがなされるので、学校としても協力を拒むことはできなかったのであろう。

四年生になったばかりの昭和十八年の一学期のある日、教室で予科練の募集要項が説明されたあと、その場で応募者に挙手を求められた。そのとき大半の者が応じた。私もその中の一人であった。

その日の帰り道で、築城《ついき》海軍航空隊の零戦数機が、白い雲の尾を引きながら空中戦の訓練をしているのを見上げて、「おれもあの雲流れる果てに死ぬのだ」と思った。「死して悠久の大義に生きるのだ」と何度も何度も自分に言い聞かせた。

帰宅してから、予科連に応募したことを話すと、父も長兄も「お前は軍人には向かない。理系は徴兵猶予ができるから、大学の工学部に進み、軍隊に入る時期がきたら、技術将校になれ」と言って、予科練に志願するのを思いとどまらせようとした。私は運動神経も鈍いし、頭の回転も速い方ではなかったので、父と長兄に同意して志願を思いとどまった。

昭和十九年になると、米軍の反攻が一段と激しくなり、七月には中部太平洋の要地・サイパン島が陥落し、真珠湾の勇将・南雲忠一司令長官以下一万人の守備隊が全員玉砕した。その責任をとって、東条内閣は総辞職し、小磯国昭内閣が成立した。秋頃からサイパン島基地より飛び立ったB29による本土空襲が本格化し、敗色がいよいよ濃くなっていった。

戦争が長期化するにともない、第一戦の戦闘員だけでなく、軍需工場の労働力の不足が深刻となった。それらの補充のために、学徒動員が日程に上ってきた。

昭和十八年の秋には、学生の徴兵猶予が廃止され、学徒出陣が行われた。翌十九年には学徒勤労動員令に基づき、サイパン島玉砕の一カ月後の八月から、中等学校の三年以上の学徒は学業を棄てて軍需工場などに通年動員されることになったのである。

当時五年生であった私たちは、四年生とともに八月中、曾根航空基地の建設作業に従事した。粗末なバラックの宿舎に起居し、高粱飯《こうりやんめし》と塩汁に浮いた菜っ葉を食べながら、猛暑に耐えて土運びに取り組んだ。昼となく夜となく、中国本土の米軍基地からB29が飛来して空襲を繰り返した。

学友の一人早川照男君が、機関砲の破片で胸部を負傷して日赤病院で剔出《てきしゅつ》手術を受けた。手術に立ち会った担任の田頭喬先生は、大変ご心配になり、その夜、詳しく容体を説明して下さった。幸いにして大事に至らなかったので、私たちも一安心した。

学徒動員に参加して、空襲下に生命を賭して軍需生産に従事していると、私たちの身体も精神も、否応《いやおう》なく臨戦体制に組み込まれ、戦場の軍人と同じく、天皇のために死して悠久の大義に生きることが学徒として生きる道だ、という死生観を身につけたのであった。

その頃、次のような「学徒動員の歌」が、全国の動員学徒によって愛唱されていた。

一、花も蕾の若桜
　　五尺の命ひっさげて
　　国の大事に殉ずるは

我等学徒の面目と
あゝ紅の血は燃ゆる

三、君は鍬執《と》れ我は鎚
戦ふ道に二つなし
国の使命を遂ぐるこそ
我等学徒の本分と
あゝ紅の血は燃ゆる
（野村俊夫作詞・明木京静作曲）

学徒動員は、学業をなげうって参加した当時の私たちにとって、「紅の血は燃ゆる」多感な青年期と重なり、戦後五十余年の今日でも、なお万感の思いをこめた「青春の鎮魂歌」として語りつがれている。

曾根航空基地建設に一カ月従事した後、私たちのクラスは軍需工場には派遣されず、学校警備についた。空襲の激化にともなって、学校のグラウンドの周囲の松林に、小倉造兵廠が戦車や装甲車、大砲などを疎開させていたので、敵機の攻撃目標にさらされる危険が大きかったからである。

昭和二十年三月に中学を卒業したが、四月になっても合格通知をもらった福岡高等学校からは、「そのまま動員をつづけよ」と指示されただけで、入学式は行われなかった。

私は、同じく福高に合格していた古賀豊君や白川充君とともに、行橋の安川電機の動員に参加した。安川には、豊津中学の三年生と京都高女の三年生も動員に参加していた。モンペ姿に「女子挺身隊」の白い鉢巻をした凜々《りり》しくも可憐な乙女たちを見ながら、青春の甘くほろ苦い感傷に浸った。

六月に入ったある日、福高から「入学式を行うので、出校せよ」という通知が届いた。一週間、「学而寮《がくじりょう》」に泊まって、入学式のオリエンテーションが行われた。寮では、連夜、残留二年生から寮歌の特訓を受けた。グラウンドに出て円陣をつくって月明の中で乱舞しながら、大声を張り上げて歌った。

一、燦爛《さんらん》夢の淡くして
　　桃源の春何かせん
　自由の国は南の
　　南風薫る舞鶴城

七、思へば嬉し同胞と
　厚き情の友垣を
　結ぶも長し十五秋
　　星を仰げる記念祭

（後藤一民作詞・横田三郎作曲「燦爛夢の」）

苛烈な戦局を忘れて、しばし青春のロマンに浸るひとときであった。ストームと寮歌の雰囲気にすっかりなじんだのち、私たちは枝光《えだみつ》（現・八幡東区）の旭ガラス牧山《まきやま》工場に動員された。この動員中の八月六日、広島に原爆が落とされ、八日のソ連参戦、九日の長崎原爆投下と悲運がつづいたのち、十五日にポツダム宣言を受諾し日本は無条件降伏した。

翌十六日、工場で動員の解散式が行われた。国民服に身を固めた工場長は、「学生諸君とともに祖国の勝利を固く信じて懸命に戦ったのに、その願いも空しく一敗地に塗《まみ》れました。残念です！」と言って涙を拭われ、「祖国再建のために頑張りましょう。そして、いつの日にか、またお会いしましょう。ありがとうございました」と結ばれた。満場厳粛として声なく、無念の涙が私の頰を伝って流れた。

3　敗戦後の惑いの日々

国敗れて山河あり
　城春にして草木深し

七五七年春、「安史の乱」で荒廃した長安で、拘禁生活を送っていた杜甫の詩「春望」の一節である。ポツダム宣言を受諾して、連合軍に無条件降伏したときの私の気持ちは、ただ無念であった。国の悲運の中で、山河だけはいつに変わらぬ姿をとどめているという杜甫の気持ちは、そのまま私の気持ちでもあった。

築城海軍航空隊の若い兵士たちの中には、敗戦の痛手に堪えきれず自決する者も出た。村人に混じって泣きながら盆踊りをする姿も見られた。

敗戦は、母の死と同じく私の生涯の最大の痛恨事であった。幼い私にとって、母は私のすべてであり、その死は私の全存在を根底から揺るがすものであった。小学校入学以来、忠君愛国の思想を徹底して教え込まれた「純粋培養」の世代である私にとって、敗戦という事態は母の死とまったく同一であった。

大正デモクラシーを経験し、すでに「おとな」の目をそなえている世代の人たちにとっては、国家は対自的な存在であり、敗戦が必ずしも自己の全存在を揺るがすものとはならなかったかも知れない。特に軍隊生活の経験のある人たちは、「皇軍」の美しいタテマエと醜いホンネを知らされているだけに、美化されたタテマエしか知らされなかった純真な私たちとは、敗戦の受け止め方が異なるのはむしろ当然であったかも知れない。

昭和二十年九月二日、東京湾に浮かぶ戦艦「ミズーリ号」上で降伏文書の調印式が行われ、十五日、前田多聞文相は「新日本建設の教育方針」を発表した。私の入学した福高では九月十八日に教育活動が再開された。

しかし、国全体は魂の抜けた状態であり、この国はどこへ行こうとしているのか、教育はどうなるのか、雲をつかむような有様であった。

この戦争は、ポツダム宣言に示されているように、果たして無責任な軍国主義者が日本国民を欺瞞《ぎまん》して世界征服を強行しようとした「過誤」によるものであったのだろうか。また、戦争中に、あれほど排撃された個人主義、自由主義、民主主義が今は正しいとされているが、果たしてそうだろうか。そうだとすれば、その正当性は何に基づくのであろうか。当時の私にとって、これらの問題を曖昧にしたままで語学や数学、物理などの教科学習だけに勤勉に打ち込む気にはなれなかった。

だがやがて、この問題は簡単に片付けることができないことに気づき、これからの学習や読書と思索の中で、息長く追究していかねばならないと心に決めたのである。

幸いなことに、敗戦直後の高校にも、大正デモクラシー以来の本格的な西欧的教養主義が生きていた。教授も先輩の高校生たちも、戦時中の軍国主義にそれほど汚染されてはいなかったのである。

しかし、旧制中学校で英・数・国の基礎学力だけは一応身につけていたが、極端な国粋主義の思想教育によって洗脳されていた私は、最初のうちは、西欧的教養主義には違和感というよりはむしろ拒絶反応を起こしていた。

その違和感と拒絶反応がとれて、西洋近代精神が日本の戦後民主主義の母胎であり栄養源として尊重すべきことを知るためには、京都での修学までの長い道程《みちのり》を必要としたのである。

その道程の出発点は、旧制高校で学習した学問の内容であった。中学のときにはなかった新しい学科としては、ドイツ語と、人文科学系では倫理学や心理学、哲学が、自然科学系では解析幾何学や微積分学や微分方程式などの解析学の初歩、順列、組み合わせ、確率、行列式などの高等代数学があげられる。物理学や化学なども、中学時のものにはなかった高度の理論が導入され、知的興味を満足させるに充分であった。

特に、高等物理の中に、中等物理と違って、微積分や微分方程式の如き高等数学が生きて働いていることに驚かされた。例えば、物体落下のような不等速運動における、物体のある瞬間の速度は、中等物理では数式で表わすことができなかったが、高等物理では、《$\frac{dx}{dt}$》（xは落下物体の運動した距離、tはそれに要した時間）の如き微分で表わすことができる。そこには、極限値のような無限概念の数学的処理が前提されている。

また、運動方程式は、《$F = m\frac{d^2x}{dt^2}$》（Fは運動物体に働く力、mはその物体の質量）の如き微分方程式で表わされ、それを解くことによって運動物体の軌道が、実験によらずに純粋に数学的操作だけで導き出されることを知って驚嘆したのである。

物理の赤野法香先生は、教科書の正確な解説だけでなく、ニュートン以来の近代物理学の根底を流れる哲学思想にも触れられたのである。今にして思えば、先生は、近代科学の花形である物理学は、実験的精神と数学的論理の見事な結晶体であることを、私たちに納得させようとされたのではないだろうか。

物理学とともに、山本清幸先生の科学哲学の講義も忘れることができない。二年生になると、理科生であった私たちのために、「Physik（物理学《フィージク》）の発展とその背景」という題の講義をされた。

物理学の基礎概念である「自然」を取り上げて、古代ギリシャから近代ヨーロッパまでの自然概念の変遷について講義された。古代ギリシャでは、「自然《フュシス》」（Physis）は、人間の手が加えられないものとしてとらえられた。これに対して、人間の手が加えられたものを「ノモス」（Nomos）といって区別した。

中世では「自然」は神の「恩寵《グラテイア》」（Gratia）と考えられた。ローマ・カトリック教会の教えによれば、人間は「神の似姿《イマーゴー・デイ》」（Imago Dei）としてつくられたが、自然は人間が生きるために神の恵みとして与えられたものである、というのである。

さらに近代では、「自然」は主体（主観）である人間が観察し支配する対象として「客観」であると考えられた。私たちが無造作に使っている「自然」という言葉にも、そのような深い意味が込められていることを知って、西洋の学問の奥深さを垣間見る思いがした。

高校生活の中で、尊敬すべき先生の人格と学問に触れ、物理学や数学、哲学など西洋の近代の学問について学んでいるうちに、私はこれらを生み出した西洋の思想についての関心を深めていった。

4　哲学への道

私が福高に在学した昭和二十年から二十三年までの期間は、敗戦後の混乱が次第に収まって戦後民主主義の基礎が固められていく時節に相当していた。

二年生に進級した昭和二十一年四月には、女性が選挙権獲得後の最初の総選挙で三十九名の女性代議士が誕生し、十一月には新憲法が公布され、国民主権と戦争放棄、基本的人権の保障の三原則が確立された。

翌二十二年三月には、教育基本法と学校教育法が公布・施行されて、四月から六・三・三制の新教育制度が発足し、五月には新憲法が施行された。

しかし、食糧不足は深刻で、昭和二十一年五月、皇居前広場は二十五万の人で埋まり、飯米獲得人民大会（食糧メーデー）が開かれ、「米よこせ」の大会決議を上奏文にし、デモ隊が天皇に会見を求めて二重橋を渡った。

政府は、食糧危機を乗り切るために、占領軍に食糧輸入を要請したが、輸入小麦粉の放出量だけでは危機を回避することはできなかった。この間、都市生活者は、農家に買い出しに出かけて着物と引きかえに食糧を手に入れる「タケノコ生活」が日常となった。

東京地裁の山口良忠判事が「食糧統制法は悪法であるが、法律としてある以上、これに服従しなければならない。……自分はソクラテスならねど、食糧統制法のもと敢然とヤミと闘って餓死する」と日記に書き残して栄養失調で痛ましい死を遂げたのは、昭和二十二年十月十一日のことであった。

また、戦後復興のために、重要産業の設備資金と運転資金を融資するために、昭和二十二年一月に復興金融金庫が設立され、石炭・電力・鉄鋼などの基幹産業に対して重点的に融資する傾斜生産方式を実施したが、充分な成果を収めることができず、かえってインフレが高じる結果となった。

私が三年生になって、将来の進路を決定しなければならない時期は、こんな状況のもとに置かれていた。私たちのクラスは、理科甲類に属していたので、友人たちの大多数の者は工学部か理学部の数学、物理系の学科を志望した。私は物理学にするか哲学にするかで迷っていた。

当時、京都大学の湯川秀樹教授が中間子を発見した世界的物理学者であることは、物理や化学の時間に知らされていた。彼の書いた随筆『目に見えないもの』や『極微の世界』は、すでに読んで感銘を受けていた。

しかし、よく考えてみると、私が物理学に惹《ひ》かれたのは、物理学の根底にある哲学思想についてであって、特殊科学としての物理学そのものではなかった。それに、物理学の研究対象は、力や熱、電磁気などの如き「自然」の一領域であり、そこには「人間」が欠落していた。私の中心問題は、あくまでも人間の生き方であり、それを先哲の思想を通して考えていくことであった。

こうして私は、秋の一日、寮の一室で独坐、沈思黙考して哲学科に進学することに決めた。

翌日、山本先生を教官室にお訪ねして私の志望を伝えてご意見を伺った。先生は、「君のような理科生が哲学をやることは大変よいことです。文科生は読書量は多くても、論理の訓練ができていない。田辺元先生も戸坂潤さんも理科出身です」と言って励まして下さった。

進学先を伺うと、「哲学をやるなら、西田・田辺の学風を受けついでいる京都大学がよい。倫理学をやるなら和辻哲郎門下の金子武蔵教授のいる東京大学がよい」と言われた。私は、二年生の夏休みに、友人のすすめで、西田幾多郎の『善の研究』や広津正二の『若き哲学徒の手記』を読んで京都大学に憧れていたので、一も二もなく京都に行くことを決めた。

『善の研究』は、金沢の四高の教授であった西田が、多年にわたる坐禅の体験と西洋哲学の研究をもとに苦しい思索の末、「純粋経験」という独自の境地に到達し、そこから実在と善と宗教を論じた独創的な哲学書である。大正デモクラシーの時代を背景に西欧的教養を求める知識人や学生たちに愛読され、その影響は、戦後の一時期にまで及んでいた。

昭和二十一年の秋、この著が岩波書店から戦後初めて発売されたとき、その前日から徹夜で並んでも、忽ち売り切れて手に入らない者もいたほどであった。当時の日本人の多くは、食料に飢えていただけでなく、精神の安住の地を求めて彷徨していたのである。

『若き哲学徒の手記』の著者・弘津正二は、京都大学の倫理学専攻の学生であった。彼は昭和十七年の夏休みに、両親の住む朝鮮咸鏡北道の清津（今の朝鮮民主主義人民共和国）に帰省する途中、乗っていた関釜連絡船「気比丸」がソ連の機雷に触れて沈没した際、他の乗客の脱出救助に最後まで献身し、船と運命をともにしたのである。

この手記には、恩師の田辺元教授や天野貞祐教授などの講義内容とそれに対する彼の感想や批評、友人との切磋琢磨、両親や弟妹への温かい思いやりなどが克明に書かれていたので、京都大学哲学科の教授や講義内容、学風などを、この著を通して詳しく知ることができた。また、著者が倫理学を研究する真摯な学徒であっただけでなく、倫理学を通して磨いた人格に恥じない最期を迎えたことに深い感銘を覚えたのであった。

私は三男で末っ子、継ぐべき家業もなければ父の老後を見守らなければならない立場でもない気ままな身分ではあったが、一応父と長兄の了解を得ておくべきだと思ったので、哲学科志望のことを話した。父は、好きな通りにせよ、と言ったが、長兄は、折角旧制高校に入学できて中央官庁か一流会社に進むことのできるパスポートを手に入れたのに、哲学など雲をつかむようなわけのわからない学問をするのは気が知れない、と言って残念がった。今から思えば、無理もないことであったと思う。

しかし、近代科学や哲学を学んで、学問の世界の入口に立ち、その殿堂に参入することによって敗戦の傷痕を癒そうとしていた私は、戦後の民主的諸改革を戦勝国から無理やりに押しつけられたものとしてしか受け取っていなかった。国家が独立を認められない惨めな状態に置かれ、その将来も不安定であった時期に、官庁や企業に入って実務についても仕方がないように思われた。職業選択について考えるより前に、人生の生きがいをどこに見出すかを先に解決しておかなければならなかった。私の哲学志望は、敗戦後の「現実」から離脱して、自分と自分をとりまく世界についての風景を眺めるためであった。

ピュタゴラスはプリウスの支配者レオンとの対談の中で、「哲学《ピロソピア》」（Philosophia）という言葉を説明するために、次のような比喩を用いたといわれている。

この世の生活は、一つの祭礼のようなものである。ここに集まってくる人びとは、三種類に分けられる。一つは、催しものである競技会に出て、賞を得ようとする人たちである。他の人びとは、市で商売をして金銭をもうけようとする人たちである。これに対して第三の人びとは、ただ何がどんなふうに行われているかを見物するためにやって来る人たちである。

ちょうど、これと同じように、この世に生まれてきた人間も、ある者は名誉の奴隷となり、他の者は金銭のためにあくせくと働く。しかし、少数の者は、これらの名誉や金銭にあまり心を動かされず、もののありのままの姿を観ることに熱心である。これが「智恵を熱心に求める者」で「愛智の人」、すなわち「ピロソポイ」（哲学者）にほかならないという（田中美知太郎著『哲学初歩』六二―六三ページ、岩波書店）。

この話は、京都大学に入学を許されたのち、古代哲学史概説の講義の中で初めて田中先生から直接お聞きして大変興味をもったが、その二年後に出版された先生の著書を読んで、その詳しい内容を知ったのである。今改めて当時の私の心境を説明するのに、この一節はまことに好都合であるので、引き合いに出したのである。

「朝日新聞」の読書欄（一九九六年七月七日）で桜井哲夫氏が、永井均著『〈子ども〉のための哲学』を紹介している中に、次の一節がある。

沈みがちなひとにとって、哲学とは、浮き上がって社会や他人と折り合いをつけるための寄り道なのだから、むずかしいはずはない。だれでも（哲学）しているのだが、浮かび上がってしまうと、すっかり忘れてしまう。哲学するという行為は、自分のマイナスを埋めるためのものなのだから、それでよい。

この中で、特におもしろいと思ったのは、哲学は「寄り道」だということである。敗戦後の私は「沈みがち」であり、物理学や哲学に興味を示しているが、戦後民主主義は「皮相上滑り」のように見えて、とても「社会」についていく気になれない。私が京都大学で哲学を勉強しようと思ったのは、「寄り道」をするためであった、ということになる。だが、この寄り道は思ったより長かった。

迷いはあったが、とにかく進学先は、京都大学哲学科と決まった。問題は入試対策であった。今の受験生は、偏差値に呪縛されて、入れる学校の範囲が神のお告げのよう決定されてしまうから、入りたい学校があっても諦めさせられてしまう。

その点、私の受験期には偏差値もなければ、神のお告げもない。成否はともかく、憧れの志望校に堂々と挑戦することができたのは、幸せであった。

理科生であった私は、文科生と競争して入試に合格することが果たしてできるかが心配であった。山本先生にご相談すると、「語学と簡単な哲学史の知識があればよい。哲学史は、波多野精一の『西洋哲学史要』が、コンパクトながらも古代から近代まで通したものとしては、これ以上の水準に達したものは出ていない」と教えて下さった。私はその外、田辺元著『哲学通論』とカントの『純粋理性批判』と『実践理性批判』の岩波文庫の訳本を買った。カントについては、解説だけを読むことしかできなかった。

当時、第一高等学校の校長は、カント学者の天野貞祐であったが、学生のために『実践理性批判』の原典を講読しているという噂が流されたので、文科の深谷昭三君とともに、山本先生にお願いしてヘーゲルの『エンチクロペディー』の中の「精神哲学」をドイツ語で読んでいただいた。

テキストを入手できないので、先生からお借りした原典を、交替でガリ版刷りにして使った。高校で習ったドイツ語を、大哲ヘーゲルの名著を読むのに、どうにか役立てることができたことが嬉しかった。そのとき以来、辞書を引きながら西洋の古典を読むことの楽しさを知った。

当時の高校は、教授と学生との信頼関係ができていて、学則を杓子定規《しゃくしじょうぎ》に適用して学生の行動を一律に規制することはなかった。二学期になって、どうしても山本先生の哲学史の講義を文科生にまじって聴きたくなったので、聴講をお願いすると先生は、「僕はかまわないんだが、今同じ時間に受講している学科はどうするんだ」と言われたので、「体操の時間ですから、溝口先生にお願いしてみます」と答えた。

体操の時間は、食糧不足で体力が衰えていたおりであったから、準備体操をしたのちは、学生の自由に任せていた。そこで、サッカーをする者もいれば大濠公園に散歩に行く者もいた。

溝口先生のお許しを得て、文科生の教室で山本先生の講義を拝聴した。先生は、黒板に「近世哲学史」と大書してから、デカルトの「われ思う、ゆえにわれあり」について話された。鋭い眼光で私たちを見ながら、高い澄んだお声で一語一語嚙みしめながらゆっくりと講義を進められた。

「われ思う、ゆえにわれあり」というのは、まず私が存在して、次にその私が考えるということではない。私が考えている、という意識の事実だけであって、その事実を反省したときに、私の存在が確認できるという意味である、と説明された。見事な解説であった。

受験科目にはその外、国語、漢文、日本史、東洋史、西洋史があった。理科生であったから漢文は全然習わず、国語では『源氏物語』を少し読んだ程度であったので、中学時に習得した学力で立ち向かうほかなかった。

歴史も、高校ではまったく習わなかったので、中学のときの恩師・田頭喬先生に相談して、概説書をお借りして付け焼刃の勉強をしただけで終わった。

冬休みが近づいた頃、私は二学期の試験で幸いにして好成績を収めることができたので、三学期の試験を受けなくても卒業できるかどうかをお尋ねするために、担任の西原猛先生を訪問した。先生は、卒業はできるが、三学期の試験も受けた方がよいと忠告された。

しかし、先生にお願いして、三学期は出校せずに自宅に帰って受験勉強に専念したいという強い希望を述べて、特に許可していただいたのである。私は、先生方の温かい計《はから》いによって、心おきなく自宅で勉強することになった。今の学校ではとても考えられない〝学問の自由〟を享受させていただいたのである。

こうして、二学期の終わりに、思い出多い福高の学び舎を後にして自宅に帰ることになった。寮の大八車を借りて荷物を積み、友人に後押しをしてもらって、懐かしい学び舎を何度も何度も振り返りながら別府《べふ》橋を渡り、近くの鳥飼《とりかい》駅まで運んだ。二月中旬に仮卒業式が行われたが、出席することはできなかった。卒業証書は三月初旬に郵送されてきた。

5　カントの哲学に学ぶ

準備不足のために、京都大学への合格が危ぶまれていたが、首尾よく目的を果たすことができたのは、幸運というほかはない。戦後民主主義が進む中で、教育の機会均等の名のもとに、京都大学でも、受験資格が旧制高校卒業者以外にも認められたので、女性も含めて多くの受験者が殺到した。その煽《あお》りをくって、多数の高校卒業者が弾き出された。

この人たちは、当時「白線浪人」と呼ばれていた。私は、危うく白線浪人になるところであった。事実、私とともに京都大学哲学科を受験した文科生の友人は失敗し、一年間浪人して受験したのち、倫理学専攻に合格をしたのである。

京都大学は、神楽岡《かぐらがおか》とも呼ばれている松の緑の美しい吉田山のふもとに、日清戦争後まもない明治三十年（一八九七年）、フランス風の自由主義の感化を受けた西園寺公望が文部大臣のときに創設された。

東京大学は、幕府の昌平坂学問所や開成所、医学所の伝統に立つ唯一の官立大学として、すでに明治十年（一八七七年）に設立されていたが、「十四年の政変」以後、君主権の強いドイツ風の中央集権国家の確立を目ざして、伊藤博文を中心とした藩閥政府は、東京大学を帝国大学として官僚養成の中心機関とした。

これに対して、京都では早くから、政治に煩《わずら》わされずに自由に真理を探究する学問の府をつくり出そうとする意図があった。

京都は政治の中心地でなくなった江戸時代においても、中世末期以来の町衆の経済力に支えられて、伊藤仁斎の古学や石田梅岩の心学などが在野の学問として千年の都に根づいていた。京都大学は、このような民衆の文化的土壌の中で生み出されたので、東京大学とはおのずから学風を異にするといわれるゆえんである（林屋辰三郎著『京都』、二三七―四九ページ、岩波新書）。

京都大学哲学科は、「京都学派」の名で呼ばれ、西田幾多郎教授を中心として形成され、田辺元教授によって継承・発展されることによって大成されたといわれている。

しかし、昭和二十三年に入学した私は、両碩学の謦咳《けいがい》に接することはできなかった。西田幾多郎博士は敗戦が間近に迫った昭和二十年六月に他界され、田辺元博士はその年の三月に定年退官し、北軽井沢に隠棲されていた。

また、両博士の学統につながる西谷啓治・高坂正顕・高山岩男の諸教授は、戦争に協力したというかどで公職追放にあっていた。

戦後の京都哲学を担われたスタッフは、主任教授で現象学やギリシャ哲学の権威であった山内得立先生を中心として、西洋古代哲学史担当でプラトン学者の田中美知太郎助教授、中世哲学史担当でトマス学者の高田三郎助教授、近世哲学史担当でデカルト学者の野田又夫助教授、哲学担当でヘーゲル学者の大島康正講師およびカント学者の三村勉助手であった。

これらの先生方は、西田・田辺哲学のようなパスカルのいう自然・精神・神の「三つの秩序」について体系的理論を試みたり、歴史的現実に対して哲学的考察を加えたりする形而上学には向かわれず、その前提として西洋哲学の実証的研究をオーソドックスに進めることに力を注がれていたようである（野田又夫「京都大学の哲学」、『京大史記』三二一－三三ページ）。

西田・田辺の学風を慕って京都学派の門をたたいた私にとって、哲学史の実証的研究という地道な学風に、最初のうちは飽き足りなかった。しかしやがて、哲学が世界と人間の究極原理を愛求する知的冒険であるとしても、その思索はギリシャ以来の思想の大道に根差したものでなければならない、という田中先生たちの主張に耳を傾けるようになった。

明治以後の日本の哲学は、明治十年代の自由民権運動の頃までは、ミルやルソーなどのイギリスやフランス流の功利主義や天賦人権論の思想の影響を受けていたが、帝国憲法制定から大正・昭和にかけての戦前の大学の講壇は、カントからヘーゲルにいたるドイツ観念哲学の研究が主流を占めていた。

西田・田辺に率いられた京都学派の哲学も、マルクス主義に傾斜した三木清や戸坂潤などを除けば、新カント学派のリッケルトや現象学派のフッサールや実存主義のハイデッガーなどのドイツ哲学の強い影響下に研究を進めていた。

私が在学した頃は、ドイツ観念論以外に田中先生によるギリシャ哲学や野田先生によるフランス哲学、さらにデューイのプラグマティズムや論理実証主義、分析哲学などアメリカ・イギリス哲学の研究も含めて、本格的な実証的研究態度の学風が定着していた。

だから、原典をろくに読みもせずに訳本をあれこれと渡り歩き、一知半解の知識を振り回したり、マスコミにちやほやされる流行思想に跳びつくことは、京都大学の学風とは相容れないものとして厳しく戒められた。これは、学問における一種の禁欲主義であり、世評よりも自己の内心の要求に忠実であろうとする。私の人生と学問のあり方は、京都大学のこのような学風によって養われたと言ってよい。

今の高校生が、受験競争に勝ち抜いて希望の大学に合格し、入学を許されても、何をしてよいのかわからないという話を聞く。医学部や工学部などの理科系では、必要な知識を詰め込まれるので、そんな不安はないだろうが、文学部など文科系の学部では、自分で研究テーマを決めて主体的に研究をつづけなければ成果を期待することはできない。

私の場合、入学当初は好奇心も手伝ってか、聴講願いを出して、理学部の数学科まで首を突っ込み、秋月康夫教授の数論を聴いて歯が立たなかったこともあった。

今と違って、哲学科の卒業には二十単位程度を取得すればよかったが、その代わりに卒業論文が重かった。私は、卒論の研究対象の思想家をカントに決めて、一回生の夏休みから『純粋理性批判』の原典を読み始めた。アカデミー版で六百ページ近くある難解なこの大著を、辞書と首っ引きで読むことは、哲学青年にとっても苦行に等しいものであった。

高坂正顕著『カント』と『カント解釈の問題』に、天野貞祐訳を参考にしながら、ともかく読了したのは、二回生の夏休みの終わりであった。つづいて『実践理性批判』を一カ月かかって読みあげ、『判断力批判』へと進んだ。

カントの哲学は批判哲学と呼ばれ、哲学が古来探究してきた神と世界と魂という根本問題に立ち向かう前に、人間の理性が自己自身を反省し、その原理と適用範囲を明らかにし、理性を正しく使用しようとする。

カントの哲学的関心は、次の三つの問いにまとめられる、と彼自身が述べている（『純粋理性批判』第二版、八三三ページ）。

一、私は何を知ることができるか？
二、私は何を為すべきであるか？
三、私は何を願うことが許されるか？

第一の問いは、人間の知識の限界に関するものであって、これに答えるのが認識論である。第二の問いは、人間の為すべき義務に関するものであって、これに答えるのが道徳哲学である。第三の問いは、義務を果たすことによって何を願うことが許されるか、に関するものであって、これに答えるのが宗教哲学である。

では、これらの問いに対して、カントはどんな答えを与えているだろうか。私がカントの著作や学者の研究書を読んで知り得たかぎりの答えを、きわめて単純化してみると、次のようになると考える。

第一に、人間の理性は、「自然」については正しい知識を得ることができるが、「超自然」（神の存在、世界の第一原因、魂の不死）については何も知り得ない。これらは、知識（学問）の対象ではなく、信仰（宗教）の対象である。

第二に、人間の義務は、自分を道徳的に完成させることと、他人の幸福のために奉仕することである。これに逆にして、他人に道徳的完成を要求し、自分の幸福（エゴイズム）を行為の原理にしてはならない。自分の人格とともに他人の人格をも同時に目的として尊重し、単に手段として扱ってはならない。

第三に、人間が神に救われ永遠の浄福にあずかることができるためには、道徳的義務を果たそうと決意し、終生にわたって精進しなければならない。

これは、近代哲学の祖・デカルト以来の「世界（自然）」と「人間」と「神」という三つの存在領域を念頭において、人間はいかに生きるべきか、という哲学の根本問題に対する人間理性の哲学者・カントの健全で賢明な解答であると言ってよい。

私たちは、自分の理性を正しく使用して「自然」の真理を知り、これを利用して「文明」の進歩に参画し、理性の命ずる義務にしたがって自分を磨き、他人に奉仕する「道徳」を実践しなければならない。このような道徳的精進をした人だけが神の救いにあずかる資格がある、というのである。

哲学の外形は、無味乾燥な論理の構築物のように見えても、その精神には、瑞々《みずみず》しい原体験がある。カントの場合、それは貧しい馬具職の家庭での勤勉で正直な父と信心深い母の教えであった。

カントは、晩年のある手紙の草稿（篠田英雄訳、『カント書簡集』）の中で、次のように述べている。

わたしの家系について誇りうることは、正直であり道徳的に正しいという点において模範的であった両親が、わたしに財産こそ（しかしまた借金をも）残しませんでしたが、一つの教育を与えてくれたことです。この教育は、道徳的方面からみて、これ以上のものはありえないほどすぐれたものでした。わたしは、これを思いだすごとに、つねに深い感恩の情を禁じえません。（アカデミー版『カント全集』第十三巻、四六一ページ）

ルソーとニュートンもまた、学者となったのちのカントの精神的土壌を養い育てた偉大な二人の思想家であった。

カントの簡素な書斎を飾る唯一の肖像画がルソーを描いたものであり、彼の著『エミール』を読み耽ったために朝寝坊して、カントが規則正しくつづけていた散歩の習慣を破ったことは、よく知られたエピソードである。

カントは、ルソーとの関係について、次のように告白する。

私自身は生来学者である。私は知識に対する非常な欲望を感ずる。こうして知識の進歩に対する貪欲なまでの不安と、一歩前進するたびの満足を感じる。これらは人類の栄光であるであろう。

このように信じていた時代があった。私は無学な賤民を軽蔑していたのである。ルソーが私の間違いを正してくれた。このような眩惑した特権は消滅する。私は人間を尊敬することを学ぶ。

（フォアレンダー版『カント全集』第八巻、二八〇ページ）

これは、学問に眩惑されていたカントの心を打ち砕き、人間を尊敬することをルソーに教えられたとする驚くべき率直な告白である。文明が人間の心を汚染し堕落させることを告発し、「自然に帰れ」と高唱するルソーの心には、カントをとらえただけでなく、二十世紀の黄昏《たそがれ》に生きる私たちにも強い共感を覚えるものがある。

さらに、カントはニュートンを、ルソーと並べて次のように称えるのである。

ニュートン以前にあっては無秩序と悪い寄せ集めの雑多しか認められなかったところに、彼が初めて秩序と合法則性が非常な単純さと結合しているのを発見した。それ以来彗星は幾何学的な軌道の上を疾走する。

ルソーが初めて偽りの人間の形態の雑多の底に、深く秘められた人間の本性と隠された法則とを発見した。このような法則に従い、それを遵奉することによって、摂理は正しいとされる。……ニュートンおよびルソーによって神は正しいとされた。

（前掲書、二八〇ページ）

カントは、ニュートンがこれまで無秩序な現象としか映らなかった「自然」の中に非常に単純な法則と秩序が支配していることを見出したのに対し、ルソーは雑多なタイプの人間が偽りに満ちた行動を繰り返しているけれども、その心の奥底には、「人間」の本性と隠れた法則が秘められていることを発見した、と評価する。カントは、ニュートンとルソーによって神の摂理の正しさを改めて確認することができたというのである。

カントを哲学的思索へと駆り立てた心の原風景は、星の輝く外界と良心の声が聞こえる内界であった。

カントの墓碑には『実践理性批判』の結語が刻まれているが、それは彼の人柄、彼の信念、彼の思想にふさわしい言葉である。

それを思うことが、たび重なれば重なるだけ、また長ければ長いだけ、ますます新たな、ますます強い感嘆と崇敬の念をもって、心をみたすものが二つある。わが上なる星空と、わが内なる道徳法則とである。

カントは、星の輝く空を仰ぎ、広大無辺で限りなくつづく宇宙の中で、つかのまの生命を与えられた人間の生き方を考えた。人間は宇宙の中では動物と同じく被造物の一つに過ぎないが、内から呼びかけてくる実践理性（良心）の声の中に、人間の尊厳をみたのである。

私が人生の春の一時期に、京都大学で学んだカントの哲学は、今の私にどんな栄養分を与えているのだろうか。第一は、科学（学問）と宗教（信仰）との関係についての明確な境界設定である。人間の理性（知性）の働く領域は、五官の働きの及ぶ自然と社会（人文）に限られ、神とか不死なる魂とかは、信仰の領域であって理性を超えた聖域であるという人間智である。

しかも、その信仰は道徳的義務を果たした人間だけが幸福にあずかることができる、という信仰である。東洋の諺にいう「人事を尽くして天命を待つ」にあたるものである。商売繁昌とか病気平癒、受験合格などの現世利益《げんぜりやく》は、宗教とは似て非なる迷いである。最近流行の新興宗教にはこの種のものが多く、特に若い世代にその信者が増えているのは、憂慮すべき徴候である。

第二は、「自由」についての考え方である。福沢諭吉は、「中津留別の書」の初めの箇所で、「古来、支那、日本人のあまり心付《こころづか》ざることなれども、人間の天性に自主自由といふ道あり。

一《ひ》と口に自由といへば我儘《わがまま》のよふに聞《きこゆ》れども、決して然らず。自由とは、他人の妨《さまた》げを為《な》さずして我心のま丶に事を行ふの義なり」と言っている。

これは、福沢がチェンバーズの『経済読本』やウェーランドの『修身論』などを通してホッブズ（一五八八―一六七九年）以来の西洋近代の自由についての伝統的な考え方を学んでいたことを示すものである。しかしこれは、対人関係を規定する自由概念の「社会的」側面をとらえたものであって、他人の権利を侵害しないかぎり、何をしてもよいとする無内容な消極的自由である。

カントが『実践理性批判』の中で説く自由は、良心が命ずる人間としての「義務」を果たす自由である。その義務は、自己自身に対する義務と他人に対する義務とに分けられる。両方とも、それぞれになおざりにしてはならない義務と功績となる義務とに分けられる。自殺してはならないことや偽証してはならないことは、なおざりにしてはならない義務の例であり、自分の才能を伸ばすことや他人が困っているときに援助することは、功績となる義務の例としてあげられている。

近代市民社会が、ヘーゲルの言ったように「欲望の体系」から抜け切ることができず、単に個人の欲望を法的に調整し、各人の自由の範囲を区切ってその権利の衝突を回避することに終始するだけでは殺風景極まりない。

まず、法的社会的自由が保障されなければならないとしても、カントの言う道徳的義務を果たす人格的主体が市民社会の構成員となって初めて、それは「目的の王国」となるであろう。この国では、各人が良心に基づいて行動する「立法者（王者）」であるとともに、道徳法に自律的に従う「国民」である。「目的の王国」は市民社会の完成した姿である。

戦後五十年をかえりみると、私たちは焼け跡の中から立ち上がり、勤勉と科学技術を梃《てこ》にして、官民一体となって戦後復興から高度経済成長を経て今日の経済大国をつくり上げた。しかし、市民社会の法的自由の外形だけは整えられたが、飽くなき物欲追求の自由だけが謳歌され、義務を果たす自由は忘却の淵に沈められている。カントの説く「道徳的自由」と「目的の王国」の思想は、福沢流に言えば、戦後五十年を「診察」する私の貴重な視座となっている。

第三は、私にとって、西洋近代精神への本格的な開眼がカントによってなされた、ということである。それは、福沢諭吉の場合と大変よく似た状況にあると言ってよい。

福沢は十九歳（満年齢）のとき長崎に行って蘭学を学び始め、一年後大坂に出て緒方洪庵の「適塾」に学び、正味二年半の間寝食を忘れて蘭学修業に励み、西洋文明学の基礎学である物理学を中心とした近代科学に開眼した。そのとき、彼は二十三歳であった。

その後、三回の欧米巡歴によって近代科学を生み出した母胎としての市民社会の現実を体験した。そこは、個人の自由と平等が法によって保障され、議会制民主主義と資本主義が開花した活気に満ちた社会であった。この体験をもとにウェーランドやミル、バックル、ギゾーなどの諸著作の学習によって福沢が把握した西洋の近代精神の核心は、独立した「個人」が「国家」の独立と発展の源泉である、ということであった。

こうして福沢は、政府による廃藩置県をはじめとした一連の開明政策に呼応して西洋文明の空気を吹き込み、西洋から遠い東洋の一角に新文明を開き、近代史の先頭を驀進《ばくしん》する市民国家・イギリスに匹敵する日本の国づくりをすることを、終生の悲願としたのである。

福沢がペリー来航に始まり、開国、討幕、維新へとつづく江戸封建制から近代国家への大転換期に生涯を過ごしたと同様に、私もまた、満州事変から太平洋戦争とその敗戦によって神権天皇制が崩壊し、戦後民主主義への地殻の大変動を体験した。敗戦の年は、やっと十七歳に達したばかりで、福沢が長崎で蘭学を始めた年齢にほぼ近かった。

福沢が蘭学の学習によって近代科学に開眼したように、私もまた旧制福岡高等学校の理科生として物理学や微積分学を学ぶうちに、西洋近代科学の卓越性に目ざめ、戦時中の軍国主義教育による西洋への偏見を是正されることになる。

福沢が欧米体験と十九世紀の前述した思想家たちの著作の学習によって西洋近代の市民社会の理念と現実に目ざめたように、私もまた、京都大学哲学科でカントを通路として西洋近代思想の学習を進める過程で、西洋近代精神は理性的自我に目ざめた近代市民がルネサンスから始まって宗教改革や市民革命、産業革命などを経て築き上げた市民社会の原動力であることを知ることができた。

イギリスに生まれ欧米諸国に波及した義会制民主主義も、明治維新に始まる日本の近代化や戦後民主主義も、西洋近代精神の世界史的潮流の中で生まれた同根のイベント（出来事）であることも、遅ればせながら理解できるようになった。

敗戦後の数年間の精神的彷徨は、私の場合、京都大学におけるカントを中心とした学問的修業によって終止符を打たれることになった。戦後五十年を見つめる私の眼差《まなざ》しは、一貫してこの思想の原典を逸脱することはなかった。

6　仏教思想への開眼

道元は「生死は仏の御命なり」と言っているが、私にとっても生死の問題が人生観の中心にある。最近、葬儀に参列すると、法話の中で僧侶が、故人が人生の無常を身をもって教えられた、と説かれることが多い。私の場合、人生の無常と阿弥陀仏の慈悲を教えてくれた最初の人は、浄土真宗の篤い信者であった亡き母であった。

生死の問題を否応《いやおう》なしに私に突き付けたもう一つの歴史的事件は戦争であった。健康な若者は、早晩徴兵されて戦地に赴き、天皇のために死ぬことが「臣民の道」であると教えられ、その覚悟を決めておかねばならなかった。

吉田松陰は、安政の大獄で刑死するときに、

身はたとへ武蔵の野辺に朽ちぬともとどめおかまし大和魂

という辞世の歌を残して、二十九歳の若さで刑場の露と消えた。

十三歳の冬に太平洋戦争に突入し、十七歳の夏に敗戦を迎えた私は、まだ自分の理性を使用する術《すべ》を知らない純真な少年であった。松陰の辞世の歌は、何の疑いもためらいもなくそのまま私の死生観として受け入れられていた。

「死して悠久の大義に生きる」ということが当時盛んにもてはやされていたが、これは、大義のために死ねば自分の身は朽ち果てても魂は永遠に生きつづける、という意味であった。大戦末期に特攻隊となって「散華《さんげ》」した若者たちの心をとらえたのも、この思想であったに違いない。その背後には、明治憲法と教育勅語を根底から支えた「国家神道」があったと言ってよい。

宗教法人の一つに過ぎない靖国神社への自治体の首長による玉ぐし料公費支出の違憲性の有無が問われた「愛媛玉ぐし料訴訟」の最高裁の違憲判決も、閣僚による靖国神社公式参拝の是非も、戦前・戦中の国家神道の果たした役割に対する痛切な歴史的反省に立って評価されなければならないだろう。

敗戦によって神権天皇制とそれを支えた国家神道は崩壊し、神社も、寺院や教会と同様に宗教法人の一つとなった。憲法第二十条によって、私たちは信教の自由を保障され、国家神道の教える統一的死生観の呪縛から解放された。

物心ついてから軍国主義の教育を受けてきた私を支えたのは、「国家」であったので、敗戦によってその支えを失った私は、丸裸の「個人」となって虚無の世界に放り出されたのである。大正デモクラシーの空気を吸って侵略戦争に反対したリベラリストやマルキストたちは、戦後民主主義の到来を両手《もろて》をあげて歓迎したかも知れないけれども、敗戦による価値の転換に傷ついた大多数の国民は、飢餓に苦しみながら精神的彷徨をつづけるよりほかはなかった。

私が福高から京都大学哲学科に進学した昭和二十三年春には、太宰治が『斜陽』や『人間失格』を残して、玉川上水で自殺したし、大学の講義も不安の時代を反映してキルケゴールやニーチェ、ハイデッガーやサルトルなどの実存主義に関するものが多かった。田辺元が『実存と愛と実践』を書き、高坂正顕が『キルケゴールからサルトルへ』を出版して好評を博したのも、その頃のことであった。

実存主義というのは人間を、ハイデッガーは「死への存在」ととらえ、サルトルは「実存が本質に先立つ」存在と規定しているように、人間は偶然この世に生まれ、絶えず死と隣り合わせで生きていかねばならない不安な存在だ、という人間の現実存在の自覚に立って人生の生き方を考えようとする。その点で、人間は理性を具え、理性の声に従って理想を追求することのできる存在だと考えるプラトン以来の西洋の伝統的な理性の哲学や、人間を神によって造られた存在ととらえ、神の愛を信じ、神を愛し隣人を愛する生き方を教えるキリスト教とは異なり、仏教に近い思想であると言ってよい。

大学でカントの哲学や実存主義の哲学の講義を聴いたり、その関係の文献を読んだりしているうちに、幼時に亡き母に教えられた「仏教」が、西洋哲学に媒介されて東洋の深遠な「哲学」思想として、思いがけなく私の精神の座に蘇ってくることになった。

私の精神を哲学思想としての仏教へ導いたのは、久松真一先生の「仏教的宗教哲学」や「還相《げんそう》の論理」と題する講義であった。もし私が、大学でこの種の講義を聴いて心を動かされることがなかったら、私にとって仏教は、葬式や法事のときに聴く僧侶たちの説教の域を踏み越えることはなかったかも知れない。

仏教を攻撃し批判する知識人の中には、葬式仏教や寺院の堕落などのような仏教の「現実態」だけを念頭におくが、思想としての仏教の「真実態」に目を向けようとしない人びともいるように思われる。七里恒順や篠原順明、釈宗演などの如き高僧との交流以前の福沢諭吉の仏教観にも、仏教は「最愚最陋《さいぐさいろう》」の民衆を教化する手段に過ぎないという〝宗教音痴〟とも言える偏見があったことを指摘しなければならない。


久松真一先生は、明治二十二年（一八八九年）に岐阜市外長良の浄土真宗の篤信の農家に生まれたが、近代思想や科学により信仰崩壊、中学校長より西田幾多郎の名を聞き、三高を経て京都大学哲学科に入学、西田教授の「宗教学概論」の講義を聴き、その人と学に感銘し深く傾倒することになった。

しかし、アカデミックな哲学に絶望し、生きることに行きづまりつつ大正四年（一九一五年）に大学を卒業したが、西田教授の導きによってその年の暮れに、妙心寺僧堂の池上湘山老師指導の「臘八大接心《ろうはちだいせつしん》」に参加し、人間本来の「形無き自己」に覚め、新生に入ったという。

その後、妙心寺塔頭《たっちゅう》春光院内で五十年余り、学道一筋の独身生活を送られた。その間、花園大学や龍谷大学を経て昭和二十一年、京都大学教授に就任し、仏教学を担当された。先生は、専門の学問を研究するだけの単なる学者ではなく、「学道一如」を求められた。そういう意図のもとで、「学道道場」や「心茶会」をつくり、志を同じくする人たちと修行を共にされた。

昭和三十四年、「学道道場」を「FAS協会」と改称し、禅仏教の心を世界に広め、人類の未来に新しい精神的世界を創造しようとする運動を起こした。「形無き自己」（Formless Self）に目覚め「全人類」（All Mankind）の立場に立って「歴史を超えた歴史」（Super historical History）を創造しようと提唱して、ヨーロッパやアメリカ、インドを歴訪し、各地で講演をしたり、アメリカではブーバー、ノースロップ、ターナー、ヨーロッパではハイデッガー、ブルトマン、ユング、マルセルらの諸教授と対話し、東洋文化と西洋文化との出会いを試みた（藤吉慈海編『真人久松真一』春秋社、三四二―四五ページ）。

先生は、「我」の自覚に基づく西洋近代が科学技術を武器として二つの世界大戦を引き起こし、核の使用によって人類を滅亡の危機に追い込んでいる歴史的現実を直視し、東洋の「無我」の哲学に人類の未来を託することを思想の仕事に携わる者の責務と感じられたのであろう。

先生は、昭和五十五年に岐阜市長良の自宅で九十一歳の生涯を終えられた。遺詠は、「形無き自己に覚めて不死で死し不生で生れ三界に遊戯　今更に死すとや誰か云ふやらむ　もと不生なる我と知らずや　我死すも引導追善葬無用　むくろを荼毘て骨なひろひそ　わが墓碑は碧落に建て碑名をば　ＦＡＳと深く彫まむ　大死せば来るにや及ぶ今其処でそのまま真の臨終あはなむ」と書かれていた。

末期の書は、「遺志により　葬儀不行　弔問辞退」、「寂滅為楽」、「末期一句　殺仏殺神」であった（前掲書、三四七ページ）。

私が久松先生の教えを受けたのは、大学に入学した昭和二十三年から定年退官される翌年までの短い期間であった。最初の年には、普通講義で「仏教的宗教哲学」、特殊講義で「還相の論理」を、翌年には普通講義で「無神論」を拝聴した。

戦後の京都大学哲学科では、西洋哲学の実証的研究が主流を占めていた中にあって、西田幾多郎の衣鉢《いはつ》を継ぐ久松先生は、仏教についての「対象的」な知識を教授するのではなく、仏教を「主体的」に学びつつ行ずる姿勢を示された。

先生にあっては、仏教を学ぶこととそれを行ずることとは一つであった。入学したばかりの私にとっては、仏教であろうとキリスト教であろうと、「信仰」が宗教の生命であって「理性」の光をあてて論議する余地はないように思われた。

しかし、カント哲学から出発された先生は、理性の批判に堪えることのできない信仰は迷信・邪教のたぐいであって宗教の名に値しないが、真の宗教には「われ非合理なるが故に信ず」とされる側面があると指摘される。カントが「信仰に場所をあけるために理性を止揚《しよう》する」といったのも、同じ事態を示すものと言ってよい。

その上でさらに一歩進めて先生は、理性を超えた信仰の「聖域」に足を踏み入れる。講義の中で、しばしば「超理性的理性」という言葉を使って説明された。通常の理性（科学）を超えた知が東洋にあり、それは仏の知恵であるといわれる。前述したように、先生は大学を卒業した年の暮れに妙心寺の「臘八大接心」に参加し、この仏智を体得されていたのである。換言すれば、「生死一如」の境地に往き着いて再び日常的生に還ってこられたのである。この立場から先生は「還相の論理」を講じられ、「仏教的宗教哲学」を説かれていたのであった。

当時の私には、先生の到達された深遠な境地を充分に知る術もなかったが、「信の宗教」に対比して先生の説かれる「覚の宗教」について強い関心をもつようになった。

前述した「遺詠」には、先生の到達した死生観が淡々と語られ、私たちの魂にさわやかな涼風を送ってくれる。「形無き自己」に目覚めた先生は、死ぬこともなく生まれることもなく過去から現在へ、現在から未来へと永遠に三界に遊ぶのであるから、今更死ぬなどということはない、と詠われている。死ぬとか生きるとかいうのは、「形無き自己」に目覚める以前の日常的生の場面でいわれるだけの話である。

先生は、講義の中で慈悲の利他行を実践する「還相的生活」こそ大乗仏教の極致である、と言われたことがある。「形無き自己」に目覚めた者が、全人類の立場に立って、歴史を超えた歴史を創造しよう、と呼びかけるＦＡＳ運動も、哲学者の夢物語のように思えるかも知れないけれども、核戦争の危機を孕んだ人類の危機的状況において、「還相的生活」の実践を全世界に向かって強く呼びかけた先生の晩年の精神運動であると言ってよい。

私の生涯を回想するとき、仏縁に結ばれたとしか考えられない様々の出来事が浮かんでくる。篤信の祖父と母、久松先生との出会い、知恩院の継志学寮での生活、卒業後初めて教壇に立ったのが西本願寺創立の平安高校、そして長い教師生活の終わりに思いがけなくも勤務させていただいたのが、同じく西本願寺設立の東九州女子短期大学――これらは仏の導きによって取り結ばれた不思議な縁であろう。

私の祖父高橋政太郎は、安政元年（一八五四年）に生まれ、昭和二年（一九二七年）十二月二十七日に七十三歳で生涯を終えている。法名は高雅院釈正了院士。私が生まれたのは、年が明けて一月十八日であるから、祖父を知らない。

長兄の語るところによれば、村会議員や農会議員、築城にある檀那寺・法蓮寺の世話人などを務めていたが、晩年には隠居部屋を造って仏典を読み、朝昼には必ず家族を集めて「正信偈《しょうしんげ》」や「御文章」を読んで聞かせていた。

「正信偈」というのは、親鸞聖人の主著『教行信証』の行巻にある七言百二十句の偈文で、弥陀、釈尊および三国（日本・中国・インド）の七人の祖師の教えた念仏を、正しく信仰すべきことを述べたものである。「御文章」は、本願寺八代目の法主・蓮如聖人が人生の無常と念仏の教えを平易な文章で説いたものである。

祖父は、隣家の「お茶講」で僧侶の代わりに説教中、脳出血で倒れ、そのまま息を引き取ったという。それは篤信の仏教者にふさわしい最期であった。私は、兄の語る祖父の思い出を聞いて、この篤信の祖父に会いたい気持ちでいっぱいである。いずれ浄土で会えることを楽しみにしている。

継志学寮の生活も、久松先生との出会いとともに、私を仏教へ開眼させる役割を果たした。二回生になった昭和二十四年の四月、福高の同窓生で京大哲学科の先輩である松本晋さんの紹介で入寮させていただくことになった。

継志学寮は、浄土宗総本山の知恩院が明治四十四年（一九一一年）に宗祖法然聖人の七百年大遠忌《おんき》を記念して、継志会とともに設立された由緒ある学生寮であった。

継志会が創立されたのは、法然聖人の教えを受け継いで発展させるためには、僧職にある者だけでなく宗教心の篤い在家者の支えがなければならないという趣旨によるのであるが、継志学寮も同じ趣旨で設立されたものであった。

「継志」の名は『礼記《らいき》』の学記の次の一節からとったものである。

善く歌う者は、人をして其の声を継がしめ、善く教うる者は、人をして其の志を継がしむ。

寮監の藤吉慈海先生は東方文化研究所（京大人文科学研究所の前身）で仏教学を研究していた久松先生の高弟で、その年の新学期から大学で「天台実相論」の講義を担当されていた。

寮では、毎朝六時に当番の打つ拍子木《ひょうしぎ》の音を合図に起床し作務《さむ》を行う。作務というのは、庭の除草をしたり、廊下や便所の掃除をしたりすることであり、作業を通して「心の塵《ちり》」を払うという意味が込められていた。このときの体験が心に残って、私は今でも掃除を作務と心得て家庭内の清掃を行っている。

作務が終わってから寮監室の隣りの仏間に集まり「勤行《ごんぎょう》」を行う。しばらく「端座《たんざ》」して心を静めてから「般若心経」を読誦する。

観自在菩薩。行深般若波羅蜜多時。……色即是空。空即是色。受想行識。亦復如是。

これらのお勤めが七時に終わった後、念仏を十回唱えてから賄方《まかないかた》の渡辺みよさんの用意してくれた朝食をいただく。そのあとは、各自の自由に任せられていた。

この年寮生の中には、作務や勤行を廃止したいと主張する人もいたが、討議の結果、存続することに決まった。私にとって、この種の行事は珍しいものであったというだけでなく、「学道一如」を求めていたこともあって、存続を強く希望したのである。

一回生のとき、久松先生の講義を聴いて仏教が人生の深い哲理を宿していることを知っていたので、継志寮の生活は、仏教の実践の場でもあったからである。

大学卒業後初めて勤めた平安高校の教師生活も、私の仏教精神を培い育てる役割を果たした人生行路の大切な一段階であった。

平安高校の前身は、明治九年（一八七六年）に彦根城のほとりの藩校・弘道館の跡をうけて創立された金亀教校であったが、明治四十二年（一九〇九年）に、宗祖親鸞聖人六百五十回大遠忌の記念事業の一つとして、京都市の下京区七条大宮の現在地に移され、翌年その名を王城の古都に因んで平安中学校と改称し、中学校令による教育機関として発足した。戦後、学制改革によって昭和二十二年に新制平安中学校、翌年に新制平安高校が開設された。

この学校の教師を勤めた四年間の中で特に心に残っているのは、宗教行事である。その主なものは、仏参講話と宗祖の降誕会《こうたんえ》、報恩講であった。

仏参講話は、毎朝始業前に礼拝堂に集まって「十二礼《じゅうにらい》」という礼拝の歌を唱えてから始められる。

天人ともに仰ぎみる　阿弥陀ほとけの尊しや
　安けき国にかのほとけ　あまたの子らを率います
けだかき姿須弥のごと　しずけき歩み象に似て
　やさしきまなこ澄みとおる　阿弥陀ほとけをおがまなん
　　　　　　　　　　　　　　　　　　（口語訳）

講師には全教職員が交代してあたり、参加生徒にはクラスごとに曜日が割り当てられる。参加は担任によって極力奨励されるが、強制されることはなかった。

講話内容も、一定の枠をはめることなく、全く講師の良識に任されていた。教師が教科を離れて人生観の一端を語り、自我に目覚めつつある生徒も、これからの自分の人生の生き方について考えることのできる大切な機会を提供する行事であった。

宗祖の降誕会は、学校の創立記念日の五月二十一日を中心に、前後一週間ほど授業を休んで多彩な行事が繰り広げられる。全校生徒が西本願寺の大書院で行われる法要に参列する年もあれば、東山の五条坂にある大谷本廟に参拝することもある。全校生徒が学校を出発して大宮通りを北に進み、五条通りを経て目的地まで片道四キロの道を歩くのである。

本廟は、なだらかな東山を背にした小高い丘の上にあり、長い階段を上るのに骨が折れる。南側には、かつては洛西の化野《あだしの》の念仏寺と並んで無常感を象徴した鳥辺山《とりべやま》の墓地があり、東側には、五〇〇メートルほど離れた所に坂上田村麻呂《さかのうえのたむらまろ》の帰依によって創建された舞台造の本堂のある清水寺がある。

風香る五月の新緑の中、全校一千余名の生徒とともに宗祖の遺徳を偲びつつ合掌したことを、今も鮮やかに思い起こすのである。

信仰心の篤かった母が、生涯に一度はこの本廟にお参りしたいと念じながら果たせなかったことを、自分が今代わりに果たしたという思いもあった。

降誕会と並ぶ重要な宗教行事は、報恩講である。この行事は、一般に祖師の忌日《きにち》に報恩のために行う法会であるが、浄土真宗では親鸞聖人の正忌日を最終日として、七昼夜にわたって法要が行われる。東本願寺では陰暦十一月二十八日に、西本願寺では陽暦一月十六日に、それぞれ行われている。

平安学園では、毎年一月十三日にこの行事を行っている。昭和二十九年の日記によれば、午後休業、職員一同講堂に集まり「正信偈」を唱えた後、図書館二階の集会室で、本願寺から稲垣師を招いて法話を聴いている。

稲垣師は、俗世を超えてどこか飄々《ひょうひょう》とした風貌をしていて、話の仕方は朴訥《ぼくとつ》であったが、純な求道者であるように見受けられた。仏教は、一切の存在を否定する。存在するように見えるものは、すべて「関係」において在る。すべては変化する。縁起説から、仏教の存在論を自分の言葉で述べたすぐれた法話であった。

この学園への就職そのものが、深い仏縁によると思っていたので、仏参講話や降誕会、報恩講などの宗教行事への参加は、宗教心のない人にとっては煩わしいだけで迷惑なものであったかも知れないけれども、私にとっては、いつも亡き母の思い出と結びつき、特別な意味をもっていたのである。

福沢諭吉は、緒方塾での蘭学修業によって西洋近代科学の基礎学である「物理学」に開眼し、三回の欧米巡歴によって文明の母胎としての近代市民社会の現実を体験した。

その福沢が晩年になると、仏教を主体的に受けとめ、「人間安心《あんじん》の法」を説くようになる。死の四年前に出版された『福翁百話』では、宇宙の無限と人間の卑小から説き起こし、宗教、道徳、教育、健康など人生百般の話題に及んでいる。

福沢の宗教的人生観の基盤には、無限の宇宙に対して人間は無に等しいとするパスカルにみられる科学的宇宙観と伝統的な仏教的無常観が結合して存在するように思われる。このような福沢の思想に共感し、ここから私の福沢研究が出発して、多くの福沢研究者のたどる道とは逆に、『学問のすゝめ』や『文明論之概略』の学習が、その後につづくことになる。

これには、戦後の私の辿った思想遍歴が大きく影響している。私もまた、福沢と同じように西洋の近代科学の洗礼を受けて、近代市民社会の世界史的潮流に棹さす戦後民主主義の正当性を認知した。

それとともに、浄土真宗の篤信者であった亡き母に教えられた宗教心が、京都における前述の様々の仏縁により蘇ってきたように思われる。

私の思想の基底には、無常と慈悲を説く仏教に導かれて「生死の問題」についての「安《あん》心《じん》」を得、そこから再び日常的世界に還帰して「社会的な諸問題」に立ち向かい、戦後民主主義の原点に立ってその解決を目指す姿勢がある。これは、人生の春に京都で播かれて発芽し、様々な養分を吸収しながら生長しつづけた私の小さな知恵の木の実によってもたらされたものである。収穫の季節を迎えて、私の過去は間違いなく現在の私を養っていることを、今深い感慨をもって受けとめている。

7　没後百年、福沢思想に学ぶ

明治三十三年（一九〇〇年）十二月三十一日午後八時から翌三十四年元旦にかけて、慶応義塾では、十九世紀を送り二十世紀を迎えるという趣向で「世紀送迎会」と名付けられた学生の催しが行われた。

その席上で、福沢諭吉は「独立自尊迎新世紀」と大書し、新しく迎える二十世紀に対して熱い期待を寄せたのである。だが一月二十五日、一時小康を保っていた脳出血が再発し、二月三日午後十時五十分、長逝した。

今年（二〇〇〇年）は没後百回忌の年に当たり、忌日には、福沢旧邸保存会主催の法要が菩提寺の明蓮寺で営まれ、九州地区の慶応義塾同窓会三田会の記念行事が中津市で催されることになっている。

先覚者福沢諭吉との出会い

没後百年の今日、福沢は私たちに何を語りかけ、私たちは福沢に何を学ぶべきであろうか。福沢は、多くの中津市民によって郷土の先覚者として敬愛されている。その思想の核心を表わす「独立自尊是修身」の額は、中津市役所のロビーと駅の構内に掲げられ、市民に親しまれている。市内の多くの学校の校歌の歌詞の中にも、福沢精神が織り込まれている。特に、第四代校長村上俊江の作詩した旧制中津中学校校歌の四番には、福沢精神を称える格調の高い文言が見られる。

独立自尊の教訓を
　垂れし先覚今何処《いずこ》
幽明境をへだつれど
　偉人の跡ぞしのばる、
見よその功は山高く
　見よその徳は水長し

では、「先覚者」とは何を意味するのであろうか。福沢は私たちより先に何を覚ったというのであろうか。一般論はさておき、私と福沢思想との出会いに即して見解を述べてみたい。

幼少年時代を戦争の足音を聞きながら過ごし、軍国主義の容器の中で〝純粋培養〟されて育った学徒動員世代の私にとって、十七歳のときに迎えた敗戦は心に深い傷跡を残した。焼け跡の福岡で過ごした高校三年間は、戦後民主主義の風潮を〝外界〟の騒音として受け流し、〝内界〟に安心《あんじん》を求めて漂白する惑いの日々であった。

その頃、民主主義の先覚者としての福沢の名を耳にしたことを記憶しているが、人間安心の道を探し求めていた私にとって、彼の如きはほとんど無縁に近い人であった。その福沢の思想に出会い、その魅力に取りつかれるようになるまでには、遠い道程《みちのり》を長い間歩かなければならなかった。

私たちの世代の中には、今でも国粋主義的で〝西洋嫌い〟の者が意外に多いのに驚くことがある。多感な青年期に、天皇のために欣然《きんぜん》と〝散華《さんげ》〟する大和魂を賛美し、個人の価値を尊重する西洋思想を「鬼畜米英」の思想として排撃するよう徹底的に洗脳しようとした思想教育の後遺症が、未だに残っているのかも知れない。

私の場合も、国粋主義的な考え方を払拭《ふっしょく》するのに随分骨が折れたけれども、福岡高校の三年間に、微積分学や解析幾何学、高等物理学など「西洋近代」が生み出した数学や科学を学習する過程で、戦争中に排撃しようとした〝西洋〟の近代精神の卓越性に驚嘆するようになった。

やがて私は、〝西洋〟の近代思想の基底を探究するために、西田幾多郎や田辺元の残した学風を慕って京都大学哲学科の門を叩いたのである。ここで、西洋近代思想の本流に棹さすために、批判主義の哲学者カントを研究することになった。

カントの思想の核心は、理論的には「理性」をもって「自然」の真理に立ち向かい、実践的には自分の「人格」の完成と他人の「幸福」に奉仕することを人間の「義務」として要請する、近代市民社会の思想の本流を示すものであることを知ることができた。

福沢が幕末から維新への転換期に、蘭学（近代科学）の修業と欧米巡歴によって「西洋近代」に開眼《かいげん》したように、私もまた敗戦の傷跡を癒すために、カントを通路として西洋近代思想の本質について学び、それが戦後民主主義の源泉であることを知って、初めて精神の安らぎを得たのである。

その後、長い間無縁の人として遣り過ごしてきた福沢の研究を手がけるようになってから、福沢と私が「西洋近代」への開眼という歴史的体験を共有していたことに気付いたことは、この上ない大きな喜びであった。こうして福沢は、私より百三十年前に「西洋近代」に目覚めていたという意味で、私にとって正真正銘の「先覚者」となったのである。

福沢諭吉を開眼させた「西洋近代」の核心

蘭学修業と欧米巡歴によって福沢を開眼させた「西洋近代」の核心とは、何であったのであろうか。それは、『福翁自伝』中の次の一節に見られる驚くべき洞察力によって表現されている。

東洋の儒教主義と西洋の文明主義と比較して見るに、東洋になきものは、有形に於て数理学と、無形に於て独立心と、此の二点である。（『全集』第七巻、一六七ページ）

ペリーの来航を契機として、アメリカ・オランダ・ロシア・イギリス・フランスの五大列強が圧倒的な武力をもって日本を開国させたが、福沢は、その力の源泉を科学技術による富国強兵と、それを可能にする市民社会の発達に求めた。市民社会とは、自由で平等な独立した個人によって構成される活気に満ちた社会である。

ところで、福沢のいう「数理学」は、十六世紀のコペルニクスの地動説に始まり、ケプラーやガリレイを経て十八世紀のニュートンによって大成された数学的自然科学であり、その原理は、十九世紀になると力学から熱力学や電磁気学にも拡張されて、産業革命の技術的推進力となった。

このような数学的自然科学の中心は、福沢が終生愛好しつづけた物理学であるが、その発達を支える考え方は、世界の中心に「主観」としての人間を置き、それに対立するものとして自然を「客観」としてとらえ、実験・観察によって自然の法則を発見し、それを利用することによって自然を支配し、人間生活を便利にし、豊かにしようとする思想である。福沢は、これを「文明主義」の「有形」部分として理解している。

さらに自然探究における人間理性の輝かしい成功に導かれて、十八世紀になると、人間の自由を抑圧する不合理な社会制度が、理性の厳しい批判の目にさらされることになる。人間は自由であり、権利において平等であるという命題は、自然法として動かすことのできない真理となる。このような考え方は「啓蒙思想」と呼ばれ、アメリカ独立革命やフランス革命の指導理念となったのである。福沢が理想として掲げ、これを実現しようとした近代市民社会は、こうして生まれ、十九世紀になると他の西洋諸国にも及んでいった。福沢は市民社会の理念のうち東洋に欠けたものとして、特に「独立心」を強調したのである。

では、「数理学」と「独立心」はその後の日本人の心に根付いたと言えるのだろうか。「数理学」は、戦前の教育・学術の普及をベースに、戦後の科学技術の高度な発達によって今日の経済大国を築き上げる原動力となった。

しかし、今日、資源やエネルギーの大量消費と環境破壊が深刻となり、資源のリサイクルと環境汚染を防止する新しい技術の開発が緊急課題となって「数理学」の新しい分野への出番が期待されている。

一方、「独立心」の方は、「和を以て貴しとなす」という伝統的なムラ社会の慣習に妨げられて未成熟な段階に留まり、今日の政財界の癒着や官僚腐敗の温床ともなっている。日本人が戦後民主主義の原点に立ち返り、真正の民主国家を形成できるかどうかの試金石が「独立心」であることは疑えない。

福沢が『学問のすゝめ』三編で述べている次の一節は、今も私たちに対する警鐘であると受けとめるべきであろう。

> 独立の気力なき者は必ず人に依頼す、人に依頼する者は必ず人を恐る、人を恐るる者は必ず人に諛《へつら》ふものなり。
>
> (『全集』第三巻、四五ページ)

福沢思想における民権と国権

戦後五十余年の政治風景の最も濃い陰影の部分は、民意を反映することの少ない政治、その結果としての国家に対する信頼感の欠如であろう。これは、政治的病理現象とも言うべきものであって、健全な国家の在り方を示すものではない。

その最大の要因は、敗戦の後遺症であろう。明治維新以来の富国強兵策は、後進国ドイツ帝国型の強力な君主権の下での「上からの近代化」をモデルとするものであった。神話的国体観に基づく天皇主権の大日本帝国憲法（明治二十二年＝一八八九年）と、それを道徳面で支えた教育勅語（明治二十三年）、制度面で基礎付ける学校令（明治十九年）は、戦前の天皇主権国家の理念の三位一体的構造を示すものであった。

敗戦による旧国家体制の崩壊は、国民の国家への信頼感を損ない、日本国憲法と教育基本法に基づく戦後民主主義の輝かしい再出発に際しても、民心を覆う国家に対する不信感を容易に払拭することができなかった。

こうした国内情勢を一層悪化させたのは、米ソの冷戦とその暴発として朝鮮戦争（一九五〇年）であった。ポツダム宣言に沿って日本の民主化、非軍事化を進めていたアメリカの占領政策は、対ソ封じ込め戦略の一環として日本の再武装を優先し、民主化を後退させる方針へと大転換したのである。この政策転換の結果、十五年戦争を指導した旧勢力の大量政界復帰を許すことになった。

旧勢力は、長期保守政権を担当し、政・官・財（業）の新しい三位一体の強力な「国権」を構成し、対内的には憲法・教育基本の理念としての平和主義と民主主義の教育を形骸化させ、「民権」意識を欠如させた高度経済成長政策を支える産業戦士を大量に養成することに専念する方針を実行した。対外的には、日米安全保障条約を基軸に、西側陣営の一員として軍事力の強化に努めてきた。

ミレニアムの初頭にあたって、日本の戦後史五十余年を批判的に検証すると、バブル崩壊後十年に及ぶ〝平成不況〟に伴う三百万人を超える失業者や六百兆円を超える借金財政など経済面の閉塞状態もさることながら、それ以上に憂慮すべき事態は、この危機的状況に際して、主権者としての国民に、福沢の説く「独立自尊」の精神が、没後百年経った今も根付くことなく、物欲のみ肥大化し「高尚な心」が失われていることである。

福沢によれば、「文明とは人の身を安楽にして心を高尚にするを云ふなり」（『全集』第四巻、四一ページ）。戦後五十余年間の日本人は、焼跡の中から立ち上がって「身の安楽」のみを求めて形振《なりふり》構わず物欲を追求してきたが、「心の高尚」を捨てて省みることを忘れた卑俗な民に堕し果てたように思われる。

福沢思想を綱領化した最晩年の文書「修身要領」（明治三十三年＝一九〇〇年）は、第二条で「心身の独立を全うし自ら其身を尊重して、人たるの品位を辱《はずかし》めざるもの、之を独立自尊の人と云ふ」と高説している。「独立自尊」とは、行動原理として「物欲」よりも「品位」を優先し、「感性」よりも「理性」（良心）を尊重することである。政・官・財・民を覆う道義頽廃の暗い社会風潮を根絶する世論を「民」の中から振起《しんき》し、福沢精神に立ち返って二十一世紀を「独立自尊迎新世紀」と大書して前進したいものである。

戦前の日本は、福沢の説く「民権」に基づく「国権」の伸張に逆行して、「民権」の抑圧による「国権」の暴走により、日本国民および近隣諸国の国民にも多大な犠牲を強いる愚を犯したのである。

福沢思想の核心は、「中津留別の書」(明治三年＝一八七〇年) 以来、一身の独立が一国の独立の基礎であり、「個」の独立が「社会」の活力の源泉であるとする近代市民社会の世界史的潮流に棹さすものであった。明治維新も、戦後民主主義も、この大潮流の中で生じた歴史的事件であり、福沢諭吉は、百三十年前にこの潮流に棹さし、近代日本を先導した卓越した指導者であった。没後百年の記念すべき年にあたり、民権の抑圧による国権の伸張を厳しく監視するとともに、民権に基づく国権の確立について国民的合意を形成し、政治、経済、教育、学術など社会活動全般にわたって福沢精神を現代に生かす努力を強く要請したいと思う。それが戦後民主主義を真に実りあるものにし、二十一世紀をミレニアムの語義にふさわしい「至福千年」の世紀に向かう大道へのスタートとしたいものである。

第2章
私が実践した「こころの教育」

「未知の会」発足時の会員生徒たちと（昭和46年）

平成九年（一九九七年）五月の「神戸市小学生連続殺傷事件」や翌年一月の「中学教師ナイフ刺殺事件」に象徴されるように、教育荒廃は深刻化の一途を辿っている。また、小学校低学年の授業時に、子どもの立ち歩きや私語によって教職歴三十年以上のベテラン教師ですら授業を継続することが困難になり、苦悩していることが「ＮＨＫ特集」で取り上げられていた。

しかし、これらの荒廃現象は突然発生したものではなく、戦後五十余年の社会病理現象の進行がその底流をなしていることは疑えない。

平成三年四月十九日、中央教育審議会は「新しい時代に対応する教育の諸制度の改革について」と題する答申を井上文相に提出した。「改革の背景」の中で「学校教育の偏差値偏重、受験競争の激化、その前提となる高校間の『格差』、大学の『序列』は日本の教育の最大の病理である」と指摘している。

受験競争の弊害が社会問題となってからすでに久しいけれども、主務官庁である文部省の審議会でこのような指摘がなされたのは異例のことである。

これまでは、日教組など教職員組合によって昭和四十年代以来、前述の病理現象は日本の教育を蝕《むしば》む現実であるとして、繰り返し警告されてきたにもかかわらず、文部省はこれを深刻に受けとめず、高度経済成長を担う財界の要望に沿って、むしろ受験競争を人材選別に「利用」してきたと言ってよいからである。

しかし、昭和五十年代以降、家庭内暴力や校内暴力、いじめなどの他罰的行動から、不登校や自殺などの自罰的行動に至る一連の教育崩壊現象の全国的な広がりによって、文部省当局もやっと重い腰を上げた感がある。

では、この答申に対する評価は、どうであったのだろうか。四月二十一日の「朝日新聞」の社説の中で、参加した審議会の委員の一人が、二年にわたる審議会の終盤で、答申案を手にして「この高校改革案の中身は、これまでの答申とまるで同じではありませんか」と強い調子で批判したことに言及していた。

この委員の発言は、「受験地獄」の渦中にあって苦悶している多くの受験生や、どうすることもできずにただ事態を見守るばかりの父母たちの思いを代弁したものに違いない。

昭和三十年以来、高校教員の一人として、激化の一途を辿る受験競争の渦中で生徒たちの受験指導に明け暮れていた私も、同じ思いに駆られたものである。

文部省においては、中教審の答申を受けて、教育課程の改定を行ったり、行き過ぎた受験準備教育を規制する通達を教育委員会を通じて学校現場に流したりすれば、それで事足れりとしても、教師は競争におくれをとることは許されない。

競争は、必然的に脱落者を生み出すものである。いわゆる「落ちこぼれ」である。毎年、学年に十数名程度の学校恐怖症ないし不登校の生徒を生み出したり、学力不振を苦にして自らの命を絶つ痛ましい場面に出合うこともある。

文部省は、受験競争が激化し始めた昭和四十年前後から、教育委員会を指導して、学校に教育相談係を設けることになった。私も十年近くこの係を担当したことがある。研究会の席である教師が、「教育相談係は、受験教育が『垂れ流す』『教育公害』の処理班みたいなものだ」とやりきれなさを語っていた。また、「火に油を注ぎながら、消火にあたるような空しさを感じる」という感想を洩らした教師もあった。

受験競争の弊害は、不登校や自殺、いじめなどのように表面に現われるだけでなく、心の中に深い病巣を生むこともある。それは、児童・生徒の心から、人間に本来備わっている学ぶことの喜びと美しいものを美しいと感じる心を奪い、テストに強くなることにのみ狂奔する荒んだ心にのめり込ませることになる。そこでは、学問を通して人格を形成するという教育本来の姿がスポイルされてしまう。

さらに、このような「教育公害」は、児童・生徒のみにとどまらず、教師の心をも蝕みかねない。進学校では、大学進学率を高めることが生徒・父母の要求に応えることになるから、心ならずも受験に強くなる授業の形態をとらざるを得なくなる。そのために、進学校の教師は、いつの間にか受験指導さえこなせれば、ひとかどの教師になったような錯覚に陥り、それ以上の研修の必要を感じなくなってしまう。

学問を愛する心を失った教師から、学問を愛する生徒が育つはずがない。私は、多年の教職生活の中で多くの学問嫌いの「秀才」に出会ったが、学問を愛する「鈍才」に出会うことは稀であった。

そのことを痛感させられるのが、皮肉にも教育実習のために母校を訪れる卒業生を指導する機会においてであった。高校在学中のトップ・クラスの模範生が、大学では学問らしい学問を修めていない場合が多いからである。そして、その責任の大半は、今日の教育体制と私たち教師が負わなければならないであろう。

さらに困ったことに、受験競争の弊害は、競争の「敗北者」に現われるだけでなく「勝利者」にも波及する。立花隆氏は、平成二年の『文芸春秋』十二月号の「立花臨時講師が見た東大生」の中で、東大生の知力の低下を嘆いて「日本のエリートといわれる東大生の知力がこんなに低下しているようでは、日本の繁栄もそう長くはあるまい」と書いている。

同氏は、まず内容以前の問題として、「誤字・脱字のオンパレード、用字・用語の誤り、文法の逸脱、意味不明の文章の羅列など、ものを書く能力そのものの水準があまりにも低かったこと」を指摘する。「現段階」を「現代階」としたり、「環境の保全」を「環境の保然」としたりするなどの例を見ると、啞然とするのみである。

次に内容上の問題として、「日本型詰め込み教育の欠陥」を指摘する。「東大生というのは、日本型知識詰め込み教育の世界におけるスーパー・エリートである」から「教えられたことは何でも自分の頭に詰め込み、試験のときにそれを吐き出すことは得意だが、自分の頭で自発的にものを考えるのは必ずしも得意ではない」と言う。だから折角、自由題を与えられても、何を書いてよいかわからない。結局、教官に教えられたことを祖述する道を選んでしまう。

しかし、立花氏の憂慮は、志望校合格を目指して血みどろの受験勉強に明け暮れている受験生とその父母たち、さらに受験指導に教育活動の大半を費やしている進学校の教師たちにとっては、関心事にはなり得ないであろう。そんな暇があったら、受験生を一人でも多く有名校に通す手立てを考えたらどうか、という声が聞こえてくるようだ。

果たして、そうであろうか。現代社会における学校の役割は、教育を媒介として人間性の全面開花を目指すとともに、民主国家の主権者としての識見と自覚を養い、科学技術の習得によって高度産業社会に生きる力量を身につけさせることにあるはずである。受験競争の激化はそのいずれをもスポイルしているとすれば、そのことは個人にとっても社会全体にとってもゆゆしい事態と受けとめなければならないだろう。

このような憂うべき事態にありながら、なおかつ一人でも多くの生徒たちに、学ぶことの意味を語り、人生の生き方について思索することの大切さを気づかせたい――このことが、三十数年間にわたる教師生活を通しての、私の心からの願いであった。激化する受験競争の直中にありながらも、「こころの教育」を求めて実践してきた道を振り返り、定年退職後十二年の歳月を経た今日、教育荒廃に喘ぐ子どもたちと、父母、教師の方々に、私のささやかな教育実践を踏まえて、「こころの教育」への道について提言したいと思う。

1　諭吉の里・中津の高校教師に

私が京都大学での学究生活に一応の区切りをつけて、故郷・行橋に近い諭吉の里・中津の地で、純真な高校生を相手に「教育」への道を歩むことを心に決めて中津南高に着任したのは、昭和三十年の五月朔《ついたち》のことであった。それは福岡高等学校（旧制）時代の友人、故梶原淳一君との出会いが機縁となっていた。

私がその年の三月六日、福岡県教育庁に面接に行く途中のことである。小倉で鹿児島本線に乗り換えたとき、偶然にも同じ車中に乗り合わせたのである。卒業以来、実に七年振りの出会いであった。彼は、九州大学法学部を卒業して、一時福岡地裁の書記官をしていたが、当時、彼の母校中津南高で英語教師をしていた。

その翌日、彼の学校を訪れた。放課後のことで、男女の生徒が仲良く職員室の廊下の雑巾がけをしていた。都会ずれした高校生を見慣れていた私の目に、この学校の生徒たちがとてもほほえましく映った。そのとき、こんな素晴らしい学校で、こんな純真な生徒を相手に教師の道を歩いても悔いはないと思った。

その夜、誘われるままに彼の家を訪問し、杯を酌《く》み交わしながら、卒業後のことを話し、将来の夢を語り合いながら、春宵の一刻を楽しんだ。中津駅で彼と別れるとき、再び中津を訪れることはあるまいと思った。

それから何事もなく過ぎ、京都での生活が始まった。福岡県教委からは採用候補者に決定したという通知があったきり、その後何の音沙汰もなかった。どうしても故郷に帰りたいという強い欲求があったわけでもないので、そのまま京都に留まることにしていた。

ところが、人の運命は真に不思議なもので、四月二日に梶原君から中津南高の社会科に欠員ができたので、希望するなら校長に推薦したい、という便りが届いた。

中津は山国川を挟んで福岡県に隣接しているので、少し距離をおいて故郷を思う位置にあり、広々とした沖代平野から南に八面山や由布岳の秀峰を望むことができ、北は周防灘に臨む景勝の地である。それに、純真な生徒の一群を配すると、この地を生涯の住処《すみか》と定めても悔いはないと思い、一も二もなく承諾の返事を彼に書き送ったのである。

四月十四日の夜八時頃、梶原君から「サイヨウケッテイ」の電報が届いた。七年間住みなれた京都を去るのだと思うと、惜別の情と中津での未知の生活への期待と不安とが交錯して眠れなかった。翌日、中津南高の渋谷斌《たけし》校長から採用の意を伝える丁重な手紙と大分県教委への提出書類が送られてきた。

こうして、中津南高での教師生活がスタートすることになったのである。

しかし、私の夢の前に大きく立ちはだかる受験競争の高波が、その頃から学園を襲い始めていた。

昭和三十年といえば、朝鮮戦争による特需景気によって、戦後の経済復興はほぼ達成され、やがて高度経済成長が始まろうとする時期にあたっていた。経済界の人材要求と国民の生活水準の向上による父母の進学熱の高まりとによって、この頃から受験競争は激化の兆しを見せ始めていた。

私の着任の年から、大分県の大多数の進学校では、毎日正課授業七時間の他に課外授業一時間がセットされた。蜷川《になが》虎三知事のもとで、戦後民主主義を進めるために、「高校三原則」

を堅持していた京都の教育の空気に馴染《なじ》んでいた私は、大分県の教育によって戦時中の教育とは違った意味で「こころの教育」が蝕まれる予感がして、戸惑いを禁じ得なかった。「高校三原則」という教育用語は、戦後五十余年を経た今日、民主教育の変質によってほとんど死語に等しいものとなってしまったけれども、これは小学区制と男女共学制と総合制からなるものである。

小学区制は、一学区に高校一校を配置することによって受験競争を緩和し、各高校が特色ある教育を行うことによって、教育効果を上げることを目指す制度であり、男女共学制は、男尊女卑の悪習を打破し、男女両性の敬重と協力によって民主社会の実現を期する制度である。そして、第三の総合制は、数理や言語などを教える普通科目と、その応用としての職業科目を総合的に学習させることによって、実生活の質的向上を目指す制度である。

これらの原則は、高度経済成長を推進する過程で、財界の要求に応ずる政府の文教政策によって、競争による人材の選別のために小学区から中・大学区制への改編、女子高校の設立、普通高校と職業高校との分離、という形で崩壊していったのである。

これらのことが、前述したように、平成三年の中教審の答申にある「学校教育の偏差値偏重、受験競争の激化、その前提となる高校間の『格差』、大学の『序列』は日本の教育の最大の病理である」という指摘が示す今日の深刻な教育崩壊の要因になっていることを考慮に入れると、戦後教育における昭和三十年代は、民主教育崩壊の重大な分岐点になっていたと言ってよい。

ともあれ、折角、美しい山河に恵まれた自然環境の中で純真な若者との心の交流を夢見て、故郷に近い中津の地で教師の道を歩み始めたのに、受験指導だけに明け暮れるのは、やり切れない思いであった。

そんな中でも、新聞部や文芸部の生徒たちの間では、受験勉強の合間に図書館の一隅に集まって定期的に読書会を開いたり、雑誌『渓流』を発行したりしていた。昭和三十二年には、生徒に呼びかけて、恩師田中美知太郎先生の『哲学初歩』の輪読会を開いたことがある。梶原君をはじめ若い教師も何人か参加して充実した楽しい会となった。しかし、課外授業などのために、長くつづけることはできなかった。

文芸部では、園田成雄先生の熱心な指導により、『渓流』が年二回発行され、創作や評論、読後感、詩、短歌、俳句などが掲載されていた。

私が着任した昭和三十年の十月十七日に発行された第七号の編集後記には、三年生の矢治直美さんが文芸活動と学園生活の意味について、青春の特権を次のように訴えている。

青空が深い今日此の頃、ここに七号発行の運びとなりました。二学期が始まって以来、私達部員は、原稿募集に、編集に、体育大会という大行事をはさんで忙しい毎日を送ってきましたが、今日ここに拙いながらも私達の『渓流』七号を皆さん方に配布できましたことを非常にうれしく思っています。

日々に成長して行く私達は、深い大空に、山深い耶馬の流れに、又、私達の心の友山国川に、自分の将来の大きな楽しい夢を描き、そして又、青春の歓喜や悲哀を、又学園生活を一人静かに思い、或いは又友と楽しく語り、議論し合う事ができるのは、私達学生の特権だと思います。

私達に与えられた「若さ」とこれらの特権を私達は十二分に駆使して、悔いのない意義ある生活を送りたいと思います。

この七号は、それらの数多い青春の一端を、又私達の日常の歌声を少しなりとも表わせたのではないかと思っています。……

矢治さんは、奈良女子大学に進学し、西洋史学を専攻した後、私とともに一時南高の教壇に立っていたが、ドイツ現代史の研究を深めるために母校の大学院修士課程に進学し、ドイツにも留学し、現在西宮市の高校で教鞭をとりながら、学究生活をつづけている。受験競争激化の高波を乗り越えて青春の夢と学問を愛しつづける卒業生の一人である。

当時の教育課程には、教科の時間の他に週一時間のロング・ホームルームの時間が設けられていた。この時間には、教科を離れて教師と生徒が学校生活や人間の生き方などについて自由に意見を交換し、学校生活の質を高めることが求められたのである。

教師の中には、この時間をもてあまし、生徒の要求に応じて息抜きの時間にあてる傾向が強かった。しかし私は、旧制高校の寮生活で経験した読書会が、人生観を養う貴重な機会であったことを思い、大部分を読書会にあてたのである。

昭和三十六年入学の第十六回生の担任になってから三年間、ホームルームの時間には読書会をつづけた。テキストとしては、漱石の『三四郎』や『こゝろ』、倉田百三の『出家とその弟子』から石坂洋次郎の『青い山脈』に至るまで多彩なものが取り上げられた。これによって、読書の楽しさを発見するとともに、青年期の人格形成にとって読書活動が決定的に重要だ、ということに気づいた者も多かったと思う。

卒業後最初のクラス会を開いたとき、南高の教室を借りて読書会を開いたこともあるほど印象深かったと、矢野邦昭君は九十周年の記念誌の中で書いている。

南高では、昭和四十一年二月十九日に創立七十周年の記念式典が催された。そのとき発行された「中津南高新聞」特集号の中に、「南高生に苦言する」と題して、卒業生から在校生へのアドバイスを書いてもらった。この中の一人、佐野千佐子さんは、「受験生活と精神生活」との葛藤の中で、精神的成長の「萌芽」（個性）を発見し育てる機会を失ったことを反省し、在校生に向かって、「精神的彷徨」を経て「人生の基盤」を真剣に考えることの大切さを訴えている。

私が今、なぜこのような私一個の力ではいかんともしがたい教育制度の欠陥について云々するかと言うと、近頃の高校に、ある懸念を強く感じるからである。それは大きくいえば「受験生活と精神生活の葛藤」といえなくもないものである。

この精神生活について徹底的追究をしなかったことが残念の核心をなすものといえる。一時は自分でもこのことを、学習からの逃避かわがままであるかのように思ったこともあったが、今改めて考えてみると、様々な物事と自分自身の内面に対する、自分なりの萌芽がその中にあったように思うのである。その若芽はあるいは大きく成長したかもしれないし、あるいは若木になる前に枯れてしまったかも知れない。

いずれにしろ、それらの萌芽は大事にはぐくみ育てるべきであった。なぜなら、時期を逸すれば、実を結ぶ可能性が非常に小さくなるのだから。つまり内から動こうとする力のある時は、外からの牽引力はなくとも、抑圧さえ加わらなければ進展をみることができる。

しかし、その機を失うと、自分の中のかつての萌芽が、無惨に圧しつぶされているのを見るのみである。鋭敏な感受性や、柔軟な思考力、あるいは純粋な感情は、ある時期を過ぎると色褪せ減退してしまう。

私自身も当時、自己の内なる萌芽を全面的に発展させ得なかったのである。もし、高校時代に、もっと個性的な萌芽を伸長させ、自分の中にある可能性の成功について、ある程度の目算を立てることができていたならば、大学生活をもっと充実したものにすることができたのではないか、と思われてならない。……

もう一人は、前述の矢野邦昭君で、彼は高校時代に読書と思索がどんなに大切であるかについて、自分の体験を踏まえて在校生に訴えている。

彼は、建築学科の学生として、夜八時前に下宿に帰れる日は月に十日もないほど講義やゼミに追われる忙しい生活を送っていたけれども、専門とは一見関係のなさそうなプラトンやデカルト、パスカル、カント、ヘーゲル、マルクス、ニーチェから『臨済録』や『正法眼蔵』、西田幾多郎や田辺元の著作まで読み耽っていた。

高校の間は受験勉強に専念して、大学に合格してから読書すればよいという親や教師に対して、また、わかりもしない本を読むより、他の有意義なことをやった方がよい、そんな偉い人の言うことは俺たちに関係がないなどと言う学生たちに対して、彼はユニークな読書論を展開する。

僕の読書の目的は、書いてあることを理解することに力が注がれているのではなく、書かれていることに気づくことにあるからだ。

わかりやすい例を引くと、ある少年が十歳の時に父の死を見て悲しんだとする。おそらく、その少年は死そのものが理解できて涙を流したのではないだろう。しかし、その少年が十歳の時に死を感じたこと、死を悲しんだということは、彼が自分の人生における一つの課題として死を見出したことだと思う。そして、その時に感じた死は、その少年の死ぬまで彼の心の中で考え続けられるだろう。

現在、社会で活躍している人の中には、十六、七の頃から先にあげたものやヴォルテールやルソー、キルケゴール、『論語』等を読んでいた人が多い。彼等がその時にその本を理解したかというと、決してそうではないと思う。しかし、そういう早い時期にすでに、そのような難解な書に取り組んでいた。換言すれば、その書のいうところに着目していたところに偉大さがある。

おそらく、三十になってはじめてその書に接した人と、十六の時に既に出発点をもっていた人とでは、たとえ理解の度合は同じでも、その本によって得られたものは比べようもなく違うと思うのである。……

僕の場合はどうかといえば、「これこそ自分だ!」と思えるような書が、あるいは思想家がきっとあると思う。その時の礎《いしずえ》の一つとして、あるものは捨てられ、あるものはさらに細かく拾われて土台を築いて行く。その土台を築いているうちに突如として自分を発見する。ピラミッドのように、自分の築いていたものが全体として出来上がっていた。出来ることなら、そういう読書でありたいと思っている。……

僕のいう読書とは、そんなものなのだ。だから、本など大学に入ってから、いくらでも読めるなどという考えを、本質的に否定する。むしろ、高校時代に読んでおくべき本は数えきれない。それさえ読まずに大学に入ってきても、いたずらに焦りを覚えるだけだろう。

勿論、読書ばかりが教養ではない。しかし、これは誤解を招く恐れがあるけれども、日本の現在の教育は、読書以上にそういうものを期待するには、あまりに貧弱すぎる。特に田舎の高校と都会の高校を比べて見た場合、個人的にではなく全体の感じとして、前者のそういうものへの無関心が感じられる。……

模試の点の上下は、自分の将来に何ら影響しない。が、こういうことの一日の怠惰は致命的な影響を及ぼす。遠くそんなことを考える今日此頃である。

矢野君は、京都工芸繊維大学を卒業して、一時鹿島建設に勤めていたが、その後、東京で建築設計事務所を開き、建築家として深大寺の設計にも参加して、建築界で注目を集めている。佐野さんは、大学卒業後矢野君と結婚して、互いに敬愛し、個性を尊重し合いながら幸福な家庭生活を営んでいる。

昭和六十二年八月七日に発表された臨時教育審議会の最終答申で、「教育改革の視点」として「個性重視の原則」や「生涯学習体系への移行」が提起されて以来、この十年、学校教育において画一性に代わって個性尊重が叫ばれ、社会教育で生涯学習が大合唱となっている。

これまでのように、高度産業社会の企業戦士を育てるとか、軍事国家の戦力を養成するといった人間不在の教育は改めなければならない。

矢治さんが、南高在学中の文芸部の活動を通して個性を発見し、生涯にわたる学究生活を選択したことは素晴らしいことである。

佐野さんは在学中、受験競争に妨げられて個性の萌芽を発見し、それを充分に開花させる道を見出すことができなかったことを後悔しているが、大学を卒業し、結婚してから、個性に応じた生涯学習を享受しているようである。

また、矢野君の場合は、大学時代の広汎な読書と古美術研究会でのサークル活動で磨いた鋭い芸術感覚が、建築学の専門知識と結合して、「建築士」ならぬ「建築家」矢野が誕生したと言ってよい。

私たち教師の役割は、受験競争の渦中にありながら、生徒の個性発見の場を用意し、個性開花の営みを援助し、生涯にわたる自己教育の芽を育てることであると考える。

2 「未知の会」の誕生とその歩み

私が中津北高に転任したのは、昭和四十五年の春であった。前年の一月には、東大の安田講堂の攻防をめぐって学生と機動隊とが激突し、史上初めて東大入試が中止された。また、同じ四十五年の七月には、家永三郎東京教育大学教授の起こした教科書検定処分取消請求訴訟で東京地裁の杉本良吉裁判長は、検定が内容に介入するときは、思想審査に当たり違憲である、という判決を下した。

これを契機に、教育は誰のためのものかが改めて問われ、憲法第二十六条にいう「国民」の「教育を受ける権利」と、教育基本法第十条に謳われている「不当な支配に服することなく、国民全体に対し直接に責任を負う」教育と教育行政の在り方についての論議が、学校現場においても活発に交わされることになった。

大学紛争は、この頃から高校にも波及し、首都圏からその他の大都市圏にも広がり、中津でも、卒業式粉砕を叫ぶ一部の活動家に対して、警察官が警戒に当たる風景も見られた。

昭和四十年代には、学園紛争が起こっただけでなく、富山のイタイイタイ病や新潟水俣病、四日市ぜんそく、熊本水俣病の四大公害訴訟についての判決が次々と出され、被害者側が全面勝訴した。

学園紛争といい、公害反対運動といい、社会現象としては一見別種のもののように見えながら、それらは、経済優先の政治が人間性をスポイルしていることに対する社会的抗議行動であるという点で、同根の事件であったと言ってよい。

とはいえ、当時の学生たちの過激な破壊活動を全面的に容認するつもりはない。学生であるという特権意識に安住することから生じた甘えがあったことは否定できない。それにもかかわらず、知徳の全面開花を援助することによって生存権を保障するという民主教育の原点が、東西冷戦体制下で緊密な対米協調路線をとりつつ、高度経済成長政策を強引に推進するという「時の政治」の必要によって歪曲《わいきょく》されていたことは認めなければならない。

当時北高では、かつての旧制高校のように、生徒の自治、自由を重んずる気風が強く、生徒会活動も活発であった。春の遠足では、目的地で自治研究会のメンバーが中心となって討論会を開く場面も見られるほどであった。

この種の討論会では、主として政治意識の強い「活動家」がリーダーシップをとっていた。討論のテーマには、「出入国管理法反対」や学園における生徒自治権の拡大要求など、未熟ながらも、自分たちの生活の場である学校を国内政治や国際政治と連動させながら、マクロな視点からとらえようとする姿勢が見られた。

学校当局は、文部省や県教委の指導を受けて、これらの「活動家」の動きを押さえる理論的な根拠をどこに求めるべきかに苦慮していたようである。というのは、これらの生徒の中には、憲法学習を積み重ねて、学校幹部や生徒指導担当教師より堅固な理論武装をしている手強い生徒もいたからである。

学校当局としては、教育基本法第八条にいう「良識ある公民たるに必要な政治的教養」を高める方向で生徒指導に臨んでいた。「行動」よりは「学習」を、という学校側の指導方針と、フォイエルバッハなどヘーゲル左派に関心を寄せてリーダーシップをとっていた生徒たちの要求とがマッチして、「自治研究会」は「哲学研究会」に改められた。他に適当な指導教師がいないという理由で、転任したばかりの私が、その任に当たることになったのである。

この会は、空いている教室を利用して、週に一、二回ずつ開かれた。城塚昇著『フォイエルバッハ』をテキストに使って、三十名前後の生徒が出席するほどの盛況振りであった。受験競争が過熱する中で、このようなレベルの高い学習ができたことは、一つには、「北高の自由」がまだ息づいていたからかも知れない。

しかし、この会も、その年の暮れ頃には開かれなくなった。主な理由は、リーダー格の生徒たちが、再び「学習」よりも「行動」に走っていったことと、一般会員にとってレベルが高過ぎたことにあったようだ。

そして、昭和四十六年の新学期早々に、前年の哲学研究会に所属していた新三年生の有志が集まって「未知の会」なるものを結成したのである。これらの生徒たちにとって切実な関心事は、政治活動やマルクス主義のような革命理論を学習することではなく、勉強することの意味を考えたり、文学書や哲学書を読んで人生の生き方を論じ合うなど、より内面的なことであったようだ。

結成準備会が何回かもたれた末、この会にどんな名称が適当であるかについて、さまざまな意見が出された。青年は「未知」の世界に憧れ、一筋の「道」を尋ね歩くことによって真の「満ち」足りた境地を味わうことができるのであるから、これらを総合すると、仮名書きの「みちの会」が最適であるという結論に落ち着いた。

しかし、この名称で会員を募集したが、一般の生徒には仮名書きはピンとこなかったので、よりフレッシュで魅力的な感じをもった「未知の会」に名称を変更したのである。

その後、北高での「未知の会」が、どんなテーマで、どんな内容の学習活動を行ったかについては、当時の記録が散逸しているので紹介することができない。

この会の学習活動が軌道に乗り充実してきたのは、思いがけなく南高に再転任した昭和五十三年以後のことである。当時の南高は、大分県下で屈指の進学成績を上げていたが、文化活動は北高に比べて低調であったから、「未知の会」を「移植」しても、果たして根付くだろうかと危ぶまれた。しかし、私の呼びかけに応じて三年生十七名と一年生四名、合わせて二十一名の生徒が大挙して入会してくれた。このとき、時と所を超えて青年の志の高いことに感動した。

戦前の旧制高校では、明治三十年代以後、ドイツ語やフランス語の学習と並行しながら、それらの国の文学や哲学にふれ、西洋近代精神を身につけることを教養の柱としてきた。戦後の教育改革によって、このよき伝統が失われたことを、私は残念に思っていた。

戦後民主主義では、人間の尊厳や基本的人権の保障が高唱されながら、これが日本人の心に深く根を下ろすことができなかった原因の大半は、学校教育の中に西洋近代思想の大潮流を本格的に学習する枠組みをつくり、そこに適当な人材を配置する努力を怠ったことにある、と私は思っている。

それゆえ、「未知の会」の学習目標として、東西の先哲の思想の中で、今の青年の心に強く訴えると思われるものを選んで、その思想の基本的なものを学習することと、学校内外に起こっている重要な社会事象に目を向け、「現代をみる目」をしっかりと養うことを二本柱に掲げたのである。

私が南高に転任した昭和五十三年度の「未知の会」の学習目標は、次のように定められていた。

実存主義の哲学者、ハイデッガーによれば、現代は「故郷喪失」の時代であり、また「存在忘却」の時代とされています。これは、現代人が魂の故郷（神・信仰・愛）を失って、あてどもなくさ迷い、ものの本質を深く考えようとせず、その場限りの快楽や利益を求めて右往左往している惨めな状態を言い表したものです。

生徒の学習の場である学校も例外ではなさそうです。青年期をいかに生きるべきかを真剣に考えるゆとりすらなく、激しい受験競争に駆り立てられ、他人が大学に行くから乗り遅れないように、というような主体性を欠いた気持ちで進学している者も多いのではないかと思われます。

さらに、皆さんを取り巻く社会では、価値観が多様化し、何が正しく、何が不正であるかについても、深い断絶があり、みなさんが基づくべき行動の原理を容易に見出すことができないように思われます。このような「乱世」に生きていくためには、人類の知恵の書ともいうべき「古典」に帰って、そこから「現代をみる目」を養うことが非常に大切です。

「未知の会」では、このような現実認識に立って、高校生活を取り巻く諸問題に目を開き、先生と生徒が、共に考え、共に学びつつ、現代を生き抜くための知恵を探求することを目標としています。

この会の具体的な学習活動として、次の三点をあげておきます。

一、人生論的な内容の作品を読んで読後感を語り合う。

二、学校内外に起こった社会事象について、新聞やテレビ、雑誌等の情報を手がかりにして、その社会的意味と自分たちとの関わり合いについて考える。

三、特に関心をもっているテーマを出し合って、グループ別に発表し、議論する。

南高での「未知の会」の学習活動は、私が定年退職する昭和六十三年春までの十年間と講師勤務の一年間つづけられた。その間、延べ百二十数名の生徒が入会し、学年末には、一年間にわたる「学習活動の記録」と会員一人ひとりの「小論文」を収録して「未知の会ノート」を編集し、会員募集を兼ねて全クラスと教職員に配布した。

3　考える高校生たち

会員の書いた「小論文」の中に、私たちは、受験戦争の直中にありながらも勉強することの意味をしっかりと押さえ、学校生活を人生行路の中に明確に位置づけ、生きることの意味を探求する真摯な魂が、未来に向かって息づいているのを見出すのである。

次に、南高に「未知の会」が発足してから十周年に当たる昭和六十三年三月に編集した特集号「高校生の人生論ノート」の中から、いくつかの小論文を取り上げて抄録しようと思う。それによって当時の「考える高校生たち」に光を当て、現在受験生を抱える父母や受験指導と人間教育の矛盾に苦慮する教師たちに問題を提起したいと思う。

次に掲げる重松作治君の小論文は、昭和五十四年の一学期に、学校生活の中心テーマであり、生徒にとって最も切実な問題である「**勉強することの意味**」について討議した内容を踏まえて、彼自身の見解をまとめたものである。

「何故勉強するのか」という疑問は、我々受験生にとって避けて通ることのできない問題であるので、未知の会でも、ほぼ一学期にわたって考えてみたが、残念ながら普遍的な解答どころか、自分自身を満足させる解答さえ得ることができなかった。そこで現時点での我々高校生、特に受験生についてのみ、あえて一般論を述べてみたいと思う。

何故勉強するのか（ここでは、受験勉強だけでなく、広い意味での勉強である）。第一の最大の理由は、自分の夢を実現するためである。すなわち、その手段としての勉強である。ただし、僕は、この中に一流企業に就職することや、一流大学に入学することなどを入れるつもりは毛頭ない。なぜならば、そういう目的のために勉強することを普遍的に正当化できる理由は存在しないと信じるからである。

さて、先の夢を実現する手段といっても、今勉強していることがただ単に、その高度な手段である大学に入るためだけの狭義の勉強だけでなく、夢を実現するための直接の糧であるべきである。極端に言うならば、自分の学んだことをすべて、その夢の中に何らかの形で生かそうとするつもりでやらなければならない。

大学卒業と同時に、自分の専門以外のことをすべて忘れているようではだめなのである。真に一つの道のプロとなる人は、その道の中に自分の学んだことをすべて生かさなければならない。

又、言葉をかえて言うならば、勉強とは広い視野を養うためであり、これは社会に対する責任であるともいえる。例えば、ある科学者が、いわゆる学者ばかであってモラルが欠如しているとしよう。すると彼は、人類に明らかに有害であり、ひいては人類を滅ぼすかも知れないような兵器を夢中になって研究するかも知れない。（中略）未来に生きる我々は、常に人類全体の幸福という広い視野に立って文化の一端を担うことが必要なのである。そして、一人ひとりにその責任があるのである。

第二の理由として、勉強することは、自分で勉強する道を選んだ者の責任であることを指摘したい。我々受験生にとって勉強することは、自分が主体的に選択した道であるから、選択に由来する義務でもある。

人間は、常に何か一つのことに一所懸命にならなければならない。これは人間が人間として成長していく上で欠くべからざる必須条件である。そして、その一時期において我々は勉強を選んだのである。スポーツをやることを選んだ人もいるし、又就職を選んだ人もいる。彼らは彼らで、自分の打ち込むべきものを選んだ。しかし、我々は、勉強を選んだのである。

スポーツにおいては、その技術だけでなく、やること自体に意義があるという。勉強も本質的に言うならば、成績の優劣ではない。全力をつくすことである。ただ単に試験の成績の少しの差によって人間的価値までも決められるのは、学歴社会の悲しい現象であると言わなければならない。

しかし、ここであえて断っておくが、僕はガリ勉を擁護しているのではない。最初に述べたように、勉強の目的は、大学に入るためではないし、また、勉強の本質は、教科書だけの勉強ではないのである。読書やスポーツ、極端に言うならば、遊ぶことまでも勉強に含まれるといえよう。そして真に勉強する人は、決して偏った人間ではなくて、知性ばかりでなしに、その精神、モラルにおいても均斉のとれた人間であると信じている。


多くの生徒たちにとって、勉強することが人生にとってどんな意味をもっているかは、決して自明のことではないのである。この点を自分なりに納得しておかないと、受験勉強の苦しさに負けて、怠学や非行に走ったり、「三無主義」に陥ったりして、青春の挫折を味わうことになりかねない。また、運よく一流大学に進学することができたとしても、大学で人格を磨き、専門の学術を修めるという本来の目的を忘れて、レジャーランドの遊民と化することが多いようである。

重松君は、この問題を真剣に考えた。そして一応の到達点は、勉強することは、大きな夢を実現するための手段であるということであった。狭小な利己心の虜《とりこ》となることなく、「常に人類全体の幸福という広い視野に立って」行動する責任があると訴えている。

彼の心意気は、マルクスが、ギムナジウムを卒業するにあたって書いた「職業選択に関する一青年の考察」を思わせるものがある。彼は、共通一次試験で八百点以上の高得点を取り、資源・エネルギーに関する小論文をこなして大分医大に合格し、「夢」の実現を目指して精進をつづけている。

昭和六十年度の三年生、飯田史郎君は、「自衛について」討論したときの発表者になり、非武装中立論を支持すると主張したのに対し、ある二年生が、戦争が起こったら国のためではなく家族や友達を守るために戦場に行くと言って、それに反論した。

飯田君が、戦争になったら戦わずに降伏してしまえば家族は安全ではないかと反論すると、その二年生は「その保障はありますか」と反駁《はんばく》し、敵国に占領されたときの残酷な虐殺の危険を心配した。

そのあとで、「**考えることの大切さ**」について、飯田君は次のように論じている。

自分は三年間、「未知の会」で活動していて、「考える」ということに対してある考えをもつようになった。それはこうである。

ある事柄についての考えを聞いてすぐに、自分の考えていることを「……と私は思う」と話す人がいるが、それは「思う」のではなく、ただそう「感じている」のだ。

一度しか会ったことのない人について「あの人はどんな人か」と聞かれたとき、その人の第一印象を話しているようなものだ。第一印象がその人の性格と一致するとは限らない。その人と長くつきあった上で、その人の性格らしきものを話せるようになる。つまり、その事柄について長く考えた上で、ある程度深みのある考えをもてるようになる。これが「思う」にあたるものだろう。

しかし、一人だけで考えていたのでは、自分の考えの欠陥に気が付かない。他人との「対話」によって、練られた新しい自分の考えというものをもてるようになる。このときの自分の考えが、「……と私は思う」といえるのではないか。

ただし、これで、「自分の考え」が完成されたかといえば、そうではなく、まだ新しく発展する余地がある。そのように私は思う。

自分は「……と私は思う」といえるような「考え」は、まだ非常に少ない。これからの人生で、いろんな人といろんな事を話し合い、完成に近い「自分の考え」を多くもてるようになりたい。

飯田君の「思考論」は、確実な「知識」と曖昧な「憶測」とを峻別し、「理性」を正しく使用すべきことを要求している点と、「対話」を重視している点で注目したい。

これまでは、「未知の会」で思索を重ねてきた三年生の小論文を取り上げたが、昭和六十二年度に一年生であった前田布由子さんは、『学問のすゝめ』や『文明論之概略』の思想の原形をなす福沢諭吉の**「中津留別の書」の読後感**を、次のように綴っている。

福沢諭吉という名は、中津近郷に住んでいるならばなおさらのこと、よく耳にする名前である。しかし、もし誰かに、彼はどのような思想をもっていたのか、などと問われたら、今までの私は何と答えることが出来たであろうか。

「天は人の上に人を造らず……」の言葉を知っていても、彼のその他の考えは何一つ知っていなかったのだから。「中津留別の書」は、それらを私に教えてくれ、より正しい福沢諭吉像を与えてくれた。

最初にこの書を読んでみて、まず、「自由」や「独立」といった言葉が実にわかり易く、詳しく説明されていることが素晴らしく思え、また、よく知っているつもりでいたこれらの言葉について改めて考えさせられ、より正しく理解することができた。

個人の独立が、やがては国家の独立につながるという考えも、大変考えさせられた。これは、私たちがやがて、この社会を支える時のための言葉のような気がする。

何よりも、彼が大変進んだ、近代的な思想の持ち主であったことを知り、驚くと同時に大変感心した。夫婦のあり方についての考えを述べている箇所など、まるで日本国憲法の条文のように思われた。

人間は、男女、貧富、門地などで差別されるべきでないことは、今でこそ当然の考えとして定着しているが、そのことを既に書いているのである。当時の時代背景などを考えると、これがいかに驚嘆すべきことであるかを感じた。そして改めて、「天は人の上に人を造らず、人の下に人を造らずといへり」という言葉のもつ重みを知ることが出来たと思う。

少し意外に思ったのは、福沢諭吉の孔子に対する批判である。しかし、このように指摘されてみると、儒学には現代社会に通じる部分も沢山あると思われるのだが、やはり彼の言うとおり、上下関係を重んじる色彩が強いのだから、改めて考え直してみなければならない部分もあるのかな、と思ったりもした。

ただ、「留別の書」に述べられている「三年父母の懐を免かれず、故に三年の喪を勤る」という言葉に対する批判は、私には、どこか納得のいかない気持ちを残す。この

「三年」というのは、本当の三年間の意味ではないように思われてならない。うまく表現できないが、この批判は少しだけやり過ぎでは、と思うのだ。

しかし、総じて「留別の書」に述べられていることは、現在の私たちの感覚でもいちいち納得できる。後半に書いている学問についての姿勢や、政治、官僚のあるべき姿なども、そのまま現代社会の目指すべき方向を示しているように思われる。

そういう意味で、「留別の書」を読んだことは、福沢諭吉という人物についての正しい理解に役立っただけでなく、これからの社会を背負う私たちにとって、大変有意義なことであったと思われるのである。

この読後感は、「未知の会」で行った読書会をもとに、彼女自身で熟読玩味した努力の成果である。「一身独立して一国独立す」という福沢思想の核心が的確にとらえられているし、「人倫の大本は夫婦である」とする家族論を日本国憲法から評価する視点も鋭い。

ただ、福沢の孔子に対する酷評ともいえる見方に疑問を感じ、儒教思想について「改めて考え直してみなければならない」と述べている点に注目したい。前田さんは、このことがきっかけとなって中国思想に対する関心を深めたのだろうか、卒業後、広島大学文学部に進学し、中国思想の研究を深めているようである。

最後に、人生論ないし宗教論のジャンルに関する小論文二編を取り上げたい。初めに、昭和五十七年度に三年生であった時枝光晴君の「**生きることについての断章**」を、次に昭和六十年度に三年生であった三重野圭一君の「**宗教について**」を紹介する。

時枝君は、「この世」と「人間」の不可解についての思いを綴った後、「生と死」について、次のように述べている。

もう一つの問題は死である。あらゆることに反省が必要なように、人生もまた、反省が必要な気がする。死を前にした老人に向かって「もっと積極的に生きろ」などと言えようか。人には寿命がある。その寿命を悟った者は、心静かに自分の一生を振り返るのである。

「私が神ならば青春時代を人生の一番最後にもってきただろう」とは誰のことばか覚えぬが、神がそうはしなかった。生まれてから、がむしゃらに生き、青春を迎えて、悩みをもって人生の最高を謳歌し、社会に出ては働くことで日々が過ぎ、そして気づいたときには、既に人生は終わりである。

確かに青春はすばらしい。古来、幾多の詩人も青春を讃えた。だからといって老年期を無気力な人生ということなかれ。老年こそ、人生を味わうべき最も意味のある時期だとはいえまいか。

生と死は、常に同時に考えるべきである。充実した生を送ろうと思えば、必ず死を考える必要にせまられる。もしできることなら、私は「あと何年の生命である」と告げられたいと願う。あと一年の寿命と告知された人、その瞬間から周囲の世界が別世界のように感じられ、これまで目もくれなかった路傍の草花も美しく見え、自分の悪口を言う人をも愛してしまうのではあるまいか。

かく言う私も、ご多分にもれず、本当に死を意識することはできず、惰性の生活を繰り返している。そんな自分を悔しく思う。死を考えたら人生終わりなのではなく、死を考えたときから、真の人生が始まるのである。

プラトンは「哲学とは死に対する準備である」と言った。それほど死は重い意味をもつが、それと同時に、生の充実が大切なことは言うまでもないから、人生は死によって限定されるが故に、意味をもつ……。

これから先、いかなる困難が待ちかまえているかわからない。また、いかなる苦悩が私を襲うかもしれない。しかし、それにもめげず、力強く生きたいと思う。そして、一生を終えたとき、神は微笑んで、「よく生きた」と私を迎えてくれるだろう。

三重野圭一君は、巨大な宇宙に比べて無に等しい卑小な人間が、絶望の果てに辿りつくのが宗教であるとしながらも、「知への愛」を最後まで守ろうとする思索を展開する。

先日、テレビを見ていて気づいたのだが、アダムとイブがエデンの園を追われる聖書のくだりは、なかなかおもしろい。その番組は美術館を紹介するもので、その美術館の中世の名画ということで、エデンの園の絵が画面に出されたのだが、ぼくはそのとき、宗教画というのは、題材が限られているのだから、あんまり変わりばえがしないなあ、と思っただけであった。

しかしそのとき、ナレーターが、「この絵には、幸福な生活をしている人間たちが描かれていますが、人間が追われる原因となった知恵の実と蛇とが添えられています」というのを聞いて、はたと思いあたった。それまで人間がエデンの園を追われたのは、「神が禁じた実」を食べたからなのだと思っていたのだが、それは「神が禁じた知恵の実」を食べたからなのだ。

人間は、昔、動物たちといっしょに自然の一部を構成するものとして生活していた。そのとき、知恵はなく、文明をもたなかったけれど幸福だったにちがいない。死はすぐ隣にあったけれど、人間はもともとそうするために進化してきた動物なのだから当然である。

だが、人間は知恵を手に入れ、自然からはみ出した存在となった。農耕を始め、文明を築いた。だがそれと同時に、考えることの苦しみをも身につけた。自分は、なぜ生きるのか、どうして、世界は存在するのか。答えのない問いが、人間の心を苦しめる。そして、圧倒的に巨大な世界に対する自分というものの小ささが、彼を絶望へと導く。だから、宗教というものが生まれたのだろう。人間には答えられない問いに答えるために。

だから、宗教とは、人間に思考停止をもたらしてくれるものだといえるかもしれない。宇宙と対決するには、あまりに弱い人間を守ってくれるものだといえるかもしれない。

そして、それは現代においても必要なのかもしれない……。

また、現代においては、価値観の多様化というのだろうか、伝統的な権威がその力を失い、人びとは、どんなふうに生きたらいいのか、わからなくなってしまった。だから、宗教は現代においてこそ必要とされるのかもしれない。

だが、ぼくは思うのだ。そんなふうに宗教にたよってしまっていいのだろうかと。われわれは、答えのない問いの答えを探しつづけている。それは、苦痛だが、また生きるということでもある。

大体、ぼくくらいの年で、もう考えることにあきらめを感じることができるはずはない。答えをみつけられなくても、それをみつけようとする努力に価値があるということを知っているのだから、今はまだ、宗教というものから距離をおくべきだろう。まだ、ぼくは人間の力を信じている。

時枝君は、死の自覚なしには、真実に生きる人生は始まらないと訴え、三重野君は、卑小なるが故に悲惨な人間存在を自覚しながらも、安易に宗教に走ることを厳しく戒めている。同世代の若者の多くが、現世利益《げんぜりやく》を説く新興宗教に走ったり、生命を粗末にする社会的風潮の中にあって、理性と良心を信じて賢明に生きようとする両君の未来に幸あれと念じたい。

これまで、南高に「未知の会」が発足してから十周年に当たる昭和六十三年三月に編集した特集号「高校生の人生論ノート」の中から、考える高校生たちにとって切実な疑問点である「勉強することの意味」について述べた重松作治君や、「考えることの大切さ」を訴えた飯田史郎君、福沢諭吉の「中津留別の書」の読後感を綴った前田布由子さん、死の自覚を通して「生きることの意味」を論じた時枝光晴君、若者の多くが非合理的な現世利益の新興宗教に突っ走る最近の風潮に対して「知への愛」を最後まで守ろうとする思索を展開した三重野圭一君の四人を取り上げて、そのメッセージを紹介した。

その他なお、割愛するには惜しいものが幾編かある。それらを補充して紹介し、この項を終わりたい。

その一つは、昭和五十八年に三年生であった恒成聡君の「**大自然のいのちへの目覚め**」である。これは、三重野君が斥《しりぞ》けたものとは違った意味の宗教論を提示している。

我が家は全員(といっても三人だが)、他の家と比べれば熱心な仏教信者である。僕は四年前に、たった一人の姉を不治の病で亡くし、三年前には、祖母も亡くした。こんな僕たち家族にとって、仏教は少なからず心の支えになってきた。

仏教と並ぶ世界的宗教として、他にキリスト教とイスラム教とがある。これらはみな、何かしらすぐれた一面をもっていたからこそ、多くの人々の信仰を集めていることは言うまでもないが、僕はこれらの宗教の教義を超えた共通の何かが、人間の本性と強く結びついているのではないかと思う。これは、これら三つの宗教に限ったことではない。人間は宗教を媒介として死ぬまで無意識に何か一つの大きなものを求めつづけているのかも知れない。

遠藤周作の『沈黙』にこんな場面がある。日本へ密航してきて、ひそかに布教をつづける一人の宣教師が「もし、神がいなかったら……」とふっと考える。もしも神がいなかったら、大きな危険をおかして日本へやってきた自分や、多くの殉教者たちの一生は何とばかばかしいことだろう、という思いを必死で振りきろうとする彼の姿勢は、表面的に読むと、ただ単にキリスト教への情熱ということになるが、一歩進めると、永遠不変の何かに到達するための指針となるべき神を失うことへの不安というようにも思える。

では、その永遠不変のものとは一体何であろうか。ある人から、この間こんな話をきいた。彼はごく普通の学生だったが、ある時一つの疑問を抱くようになった。その疑問とは、なぜ人間は生きているのだろうということだった。

いろいろと考えてみるが、全く結論が出ない。これが解決しないうちに、何をする気もなくしてしまった。そしてついに、彼は自殺を決意する。そして山に行き、滝の上から飛び下りようとする時に、彼は岩の裂け目に咲いている一輪の小さなすみれの花を目にした。その花は水しぶきを受けながらも、ひっそりと自分の命を守っている。それを見てから彼の心のもやもやは、うそのように消えてしまった。彼は生まれ変わったのだ。

彼は一体何を見たのだろうか？　この話をしてくれたその人に言わせれば、それは全てのものを超越した大自然のいのちだと言う。その学生もきっとすみれの花を見て、何ものも寄せつけないひたむきな強さと深いいのちを感じとったのだろう。

これと似た経験をした人も多いのではないかと思う。例えば、北杜夫の『少年』の主人公も、つまらぬことにあくせくしている下界の人間たちをあざ笑うかのような雄大な星空を見て、人間という存在がいかに小さいかを知った。

僕たちも、目の覚めるような自然の情景に接した時の、心がリフレッシュされるようなあの感激を大切にしなければならない。そして、この大自然のいのちこそ、全ての宗教を超えて、人間を含めた全てを抱擁できる力であり、この大自然のいのちの中に生きようとする心が、人間のどこかにきっとあるはずだと信じている。仏教の説く無常観という否定的な考えも、大自然のいのちの中に生きよという啓示なのであろう。

しかし、現代に生きる人々は、僕を含めてあまりに自分を絶対化しすぎている。自分のまわりを見ることを忘れている。人類は生態系に属する一つの生命にすぎない。いや、人類の目に見えない生態系以上の不可思議なサイクルが存在するかも知れない。個人は、その人類のたった一つの構成要素にすぎない。そんな小さな存在だからこそ、僕たちは広い視野から自分を見つめなければならないのだ。

恒成君は、姉や祖母の死という悲痛な体験をきっかけとして、日常的な生活の営みから超え出て大自然のいのちの営みに目を向けかえ、翻ってそこから私たちの日々の生活を見つめようとしている。そこには、彼自身は気付いていないかも知れないけれども、大乗仏教における還相《げんそう》的な生き方や、スピノザのような汎神論的自然観に通じるものがあるように思われる。

冷戦が終結して米ソ対決による核戦争の危機は遠のいたが、インドやパキスタンによる核実験、イラクや北朝鮮に対する核査察をめぐる紛争など、冷戦後の国際政治は好転する兆しが見えないまま二十一世紀を迎えようとしている。

受験戦争の渦中にある大多数の高校生にとって、核戦争や生物・化学兵器による大量殺戮《さつりく》がもたらす人類の滅亡などの問題が関心の的になることはないであろう。

レーガン政権による対ソ強硬政策がエスカレートしていた昭和五十五年に二年生であった山田徳史君は、この問題を取り上げ、科学技術に関する正確で豊富な知識を駆使して、国家エゴを超える人類社会の視点に目覚めることの急務を〝I want you to wake up〟というテーマを掲げて論じている。

現在、我々の住んでいるこの地球は、ある意味で思春期を迎えている。それは、国家間の相互不信による滅亡への危機が増加しているということだ。

日本では、現在のところ反ソキャンペーンが政府および与党自民党によって盛り上げられている。また、アメリカでは、新しく誕生したレーガン政権が、ソ連に対して非常に強硬な態度をとっている。ソ連の方も、アフガニスタンから手を引く気配を、今のところ見せていない。

このようなことはすべて、国家間の相互不信と国家主義的な考え方に立って自国の欲望を満たそうとすることに起因するものである。我々自身も知らず知らずのうちに、我々のエネルギーを平和への努力より平和からの後退に費やしているのではないだろうか。

相互不信という催眠術にかかった国々は、人類の共存や地球のことなどほとんど考えずに死への準備にやっきとなっている。……そして、自分達が認めていることが余りにも恐ろしいことなので、我々はそのことをなるべく考えまいとしている。「核戦争など起こるはずがない」と思い込むようにし、自分を安心させている人も多いのではなかろうか。

しかし、事態は深刻であることを我々は素直に受けとめるべきである。第二次世界大戦中に世界各地に落とされた爆弾は、およそ2 Mt《メガトン》（1 Mt = 10^6 t）であった。しかし、やがて二十一世紀を迎えようとする現在、2 Mtというのは、ごくありふれた水素爆弾一発から放出されるエネルギーに相当する。つまり、一発の水爆が、第二次世界大戦で使われた全爆弾に相当する破壊力を持っている。

しかも、そのような核兵器が何万発も貯えられているといわれる。その破壊力は一万メガトン以上である。第二次世界大戦は六年続いたが、核戦争の際には、地球上の全家庭の上に大型の高性能爆弾を一つずつ落とすことができる勘定となる。しかもわずか数時間のうちにである。

また、核爆弾には、旧型の爆弾にはなかった恐ろしい力がひそんでいる。それはガンマー線や中性子線などの放射線である。それらは、通りがかりの人たちの体のなかを焼き焦がしてしまう。これは電子レンジに似ている。また長い間体内にとどまり、細胞などに多大な影響を与え続けるのだ。

また、核戦争は大気上層部のオゾン層を破壊する。すると、太陽からの紫外線がそのまま地表に達し、人々の皮膚にガンを発生させる。さらには、地球の生態系に明らかに大きな変化が生じると思われる。最も影響を受けやすいのは、生態系ピラミッドを形成している底辺の微生物なのである。ピラミッドの底辺が少しでも揺らげば、その頂上にやっとのことで立っている人類がどうなるかは言うまでもないことである。

とにかく核戦争が起これば、宇宙へ脱出することでもしない限り、生き延びることはほとんどできないであろう。もし仮に人類が絶滅した後、また微生物の段階から進化が始まったにせよ、高等動物が発生して文明を築くまでに至るまい。なぜなら、太陽の寿命がそれに見合うほど長くはないからである。全面核戦争の影響とはこんなものである。国の利益がどうのこうのと言うのとは、次元が違い過ぎる。

このような現実を見せつけられても、我々はまだ相互不信のラッパを吹き、軍備増強を強く主張することができようか。軍隊や兵器は平和を築くためのものだと、まだ主張できようか。

現在の国家間の相互不信や、排他主義的な考え方の原因は複雑なものである。それは、宗教や社会的慣習、政治・経済の形態、人種の違いなどから来るものであろう。しかし、それらの中で人種は変えられないが、他の要因は我々や国家間の努力で改善することが可能なのである。

したがって、今地球が迎えている思春期を乗り切るためには、旧来の社会的、政治的、経済的、そして宗教的な矛盾と勇敢に戦って改革しなければならない。皮膚の色が違っても我々は同じ「地球人種」であることを理解していかねばならない。このようなことが困難であることは、もちろんである。非現実的だと言う人も多いことであろう。

しかし、二十世紀最大の天才・アインシュタインは、自分の理論が非現実的で「人間の本性に合わない」といって否定されたとき、何度もこう言ったそうである。「ほかに代わりの理論がありますか」と。実際、彼の提唱した相対性理論は、現代宇宙物理学が時間と空間を述べるとき中枢となるものとなっている。彼は正しかったのだ。

我々も、地球と全人類のために彼のような態度をとるべきではないのか！　核兵器を肯定し、軍備に、科学の発展のための費用の何百倍、何千倍の金をつぎ込むことと、相互不信をなくすために旧式社会を改革することと、どちらが正しいのかを勇気をもって判断すべきである。……

我々の地球は、宇宙百五十億年の歴史の中で、およそ四十六億年の歴史をもつ惑星である。しかも、銀河系をくまなく探してみても、そう多くはないであろう豊かな生命を宿している惑星である。太陽系の中でも地球だけが恵まれた自然条件の中で生命発生を許された唯一の惑星なのであろう。それは、広大な宇宙の中で、砂漠の中のオアシスにたとえられる。そのオアシスを、ほんの一瞬の誤解と不信で消し去る資格が我々にあるだろうか。

人類が何十万年にわたって築き上げてきた文明・文化を、今の我々が勝手に消すことがどうして許されよう。我々は、子孫に対してこの地球を残してやる義務がある。我々の子孫の繁栄と真の幸福と、そして平和を望むならば、我々は惰性で生きることをやめ、国家・権力・慣習に妥協せず、改革すべきものは改革しておかなければならない。

国家や自分たちの利益のために主張する人はいるが、国家や自己を超えて地球や人類のために主張する人はほとんどいない。だが、このままでは未来は暗黒である。今は、勇気をもって国家のためだけの主張をやめ、地球・人類のために主張しなければならないのだ。我々は生存の義務を負っている。何に対してか？　それは、我々自身と地球、さらに我々をつくった宇宙全体に対してなのである。

読書が青年期の人間形成にとって決定的な意味をもつことは論をまたない。「未知の会」の学習活動の最重要項目の筆頭を、「人生論的な内容の作品を読んで読後感を語り合う」としたのもそのためである。

次に、昭和六十一年七月十六日に行われた北杜夫の小説『少年』の読書会について書いた、当時一年生であった水島由希子さんの「**学習活動の記録**」と私の批評を掲げる。

初めての読書会であったが、感想はというと「おもしろかった」。これが一番大きかった。ふだん、割りと読書はするのだが、一人で読むよりもずっと沢山のことが分かって、なんだか嬉しく感じた。

それぞれの感性で読みとったことを言い合って、みんなで主題を探る。そんな感覚が楽しかった。みんなの意見は本当に十人十色という感じで、一人ひとりの個性を感じた。

同じ場面でも色々な解釈があったし、色々な感じ方があったが、そんな中にも最後は共通性を感じた。

それはやはり、「人間」として誰もが持っている、持ったことのある気持なのだと思う。「心の野性」というか、自然な純粋な心の動きや感動――そんなものを感じた。

何が言いたいのか分からないところもあった。場面がどんどん変わるし、一つひとつの場合にこめられた意味を考えれば考えるほど混乱してしまう。登場人物にしても、例えば、私は加島君や南君を否定できない。肯定もしないが。私は優柔不断でまだ「自分」をしっかり持っていないからかも知れない。その点、みんな自分を持っている。「個性」の強さを感じ、圧倒された。

さて、北杜夫さんは自然をとても愛し、また動物をとても愛したそうだ。それはそれで、とてもいいことだと思う。今のように、人間がどんどん自然から遠ざかっている時代だけど、人間には自然が絶対必要である。結局、自然から生まれたものが自然を求めるのは、本能なのかも知れない。

そして、大自然にふれた時のあの感動、美しさ、広大さに感激し、それの与える精神面への影響は、口ではいい表わせない位に神々しく、湧き上がってくる気持ち、いや全身で感じるモノがある。

もっと自然が身近にあるべきだと思う。人間は自分のちっぽけさに気付くべきだと思う。

〈評〉

この作品は、以前に一度読書会のテキストに使ったことがありましたが、やさしいようで中々難物であったようです。今度の読書会でもそれを感じました。

私のような年配で、かつて旧制高校に学んだ人にとって、この『少年』の考え方、感じ方は、大変親しいものです。信州松本で、寮の窓から槍ケ岳や穂高のような北アルプス連峰を眺めながら、人生の生き方や永遠の宇宙の広大無辺な広がりの中で、木の根に腰を下ろして蜂や蝶と自分が同じ生命の中で生きていることを実感しています。

殊に、独りで登山し、満天の星空の中で、自分はどこから来てどこに行くのだろうと考える辺りは、この作品の圧巻でした。そして主人公は、この体験を抱いて、また人の世に帰っていくのです。若いときには、日常性を離脱したこの「少年」のような体験をもつことは大切なことだと思います。

若者の活字離れが問題となってから、すでに久しい。たとえ活字を追うとしても漫画や雑誌など軽い読み物が主流を占めているようである。そんな風潮に対して、昭和五十六年に三年生であった村上宣昭君は、「**読書について**」の中で、人類の知恵の書である「古典」に挑戦して心を養うことの大切さを訴えている。

私が読書について書くとなると、どうしても小林秀雄から始めねばならぬ。私は高校での三年間、小林秀雄の絶対的な影響のもとで読書を行い、その評論に表れた彼の価値観を自分のものとしてきたから。もし、小林秀雄との出会いがなかったなら、今の自分はなかったであろうと思われる。

小林秀雄とは『本居宣長』で出会った。この本は、江戸時代の国学者、本居宣長の精神について論じた著者の評論の集大成とも言える書であり、非常に難解で、私の理解力をはるかに越えていた。

なぜこんな本を手にしたのかと言えば、本居宣長や国学に関心を持っていたからでも何でもない。誰かから小林秀雄の文章が難しいと聞いて、それなら読んでみようと考えて図書館へ行ったら、この本が最初に目に付いただけの話だ。

随分好い加減な動機だと思う人もいるだろう。しかし、そんな人に限って、私が「面白いから読んでごらん」と言って小林秀雄の本を差し出しても、難しいからと言って読もうとしないに決まっている。

上に書いたことは、小林秀雄の作品に限ったことではない。世に古典、あるいは名作などと呼ばれている書物に関しても、同様のことが言える。こういった書物は誰しもが有難がりはするが、なかなか手にしようとしない。いわば神棚の上にまつり上げられているのだ。それは古典が難解であるのに加えて、古臭く退屈だと思われているから。

しかし、時代と共に古くなるような、詰まらぬ書物を歴史が何百年も何千年も伝えるわけがない。時代を越えて、人間が存在する限り、輝きを失わぬ価値を持ち合わせているからこそ、現代に残っているのだ。

そういった書物を難しいから、わからないからといって放って置くわけにはゆかぬ。わからなくても辛抱して読んでいれば、そのうちにわかると思う。それまで待てばいい。それだけの価値はあるだろうし、著者も、そういう読者がいることを願って本を書いたのだから。著者を、あるいは歴史を信頼することが大切だと思う。

「未知の会」は、自我に目覚め、自分の生き方について惑い悩む生徒たちと、共に考え共に生きる道を探求することを目指して結成されたクラブであったが、入会者にとって最初は、必ずしも居心地のよいものではないこともある。昭和五十八年に一年生であった水谷飛鳥さんは、この年度の最後の学習会の日に、「**未知の会について**」という題で次の一文を寄せている。

今年度の最後の学習について私が記録することは、何と気持のよいことであろうか。一度くらいまともに書こうと思った矢先であっただけに喜ばしいことだ。

「未知の会」ほどわけのわからない……といっては失礼だが、何をしているかわからないクラブはないと思う。文字どおり「未知」であるのだが、それが私には恐ろしいものなのである。物事の達成感がないものほど恐ろしいものはない。現時点に立っていてもまだ「未知の会」に恐怖感がある。「テーマの恐怖」、「質問の恐怖」、「内容の恐怖」など、いくらでも恐怖感がある。この会は、もしかしたら南高のブラック・ホールではないだろうかと思ったこともある。

私の意見では、暗黒の世界に引きずられていくようなムードがある。どんなことも来談室という密室に入れば、すべて綺麗さっぱり吸いとられていくような気もした。思想というものは減るものではないことはわかっているが、それでもあの恐怖感はクラブのもつ偉大さからくるのだろうか。

「未知」というのは、もちろん可能性を意味するわけだが、確かに多くの内容を考察した。しかし、とにかくやっぱり、私などには、一つの漠然とした内容の質問に、一つの方向性に沿って答えることのできない難しさがある。

先生の質問がわかっていないのか頭が悪いのか、どちらかなのだ。自分を卑下しているわけではなく、本当に自分は頭が悪いと思う。読書会などで、ついに一度だってまともに答えたことがなかった。特に、一学期の憂うつさは目に余るものがあった。根本的な問題は自分にあるわけだが、あんまり直っていないらしい。……

三年生の川端さんと時枝さんとの意見の対立は、いかにも高尚であり、私たち一年生にとって完全に別世界であったような気がする。よくテーマをぶち壊したのは悪かったが、「未知の会」を少しでも明るくしようとした。私たち一年生、特に大島君には拍手を送りたい。少々ふざけがきつかった時もあったが、彼は彼なりによくやっていた。真面目なものも大切だが、息抜きはもっと大切だ。

話は大幅にズレてきた。「未知の会」の恐怖から、こう話が展開していったが、私はこの会が好きだ。部外者になんやかんや言われたが、やっぱり面白かった。私は私なりに理解しようとして、後半はなんとかついていけた。意見もいえた。なんとなく、“fellow”という言葉がぴったりくるような人間ばかりだった。

「未知の会ノート」も好きだ。学習時間中に言えなかったこと、本音がズラリと書かれている。卒業しても印象に絶対残るものになるに違いない。一年生の時の思い出として最高のものとなるだろう。再びこのノートをめくる機会があるとしたら、自分の成長の跡を必ずや発見できることだろう。

最後に、私のつたない文章を批評していただいてありがとうございます。「未知の会」は永遠に不滅です！

〈評〉

「未知の会ノート」の最後の締めを書く役目を進んで引き受けられたことを嬉しく思います。「恐怖の未知の会」から「“fellow”としての未知の会」へと変わっていったということも嬉しいことです。君の今年度書かれた三つの文章を読むと、君自身が精神的に大きく成長したことがうかがえます。昨年度は一年生の会員が一人、一昨年度は十数名いましたが、二年生や三年生との間にかなりの精神的落差を感じたことは否定できません。

しかし、この会は、自由に思索し、自由にその成果を表現することによって、互いに人間的に成長することを目標にしています。堅苦しい雰囲気があるのは、ある程度やむを得ないでしょう。週一回の会ですから、互いに親密感をもつようになるのには時間がかかりますね。一年たって初めて会の雰囲気ができることが多いようです。この一年間の学習が、君の将来にとって何かの役に立てば幸いです。

4　戦後教育の辿った荊の道

「教育は国家百年の大計である」といわれている。これは、その時々の政治に左右されず、百年後の世界像を構想し、その理念を実現するための大計でなければならないという意味であろう。

戦後五十余年の大半を教育現場で働き、教室の窓から戦後史の風景を眺めてきた私の目に映る「教育」は、「個人の尊厳を重んじ、真理と平和を希求する人間の育成を期する」（教育基本法前文）という理念を裏切り、徒《いたずら》に「政治」の現実に追随して時を重ねたように思われる。

ローマ教会の権力が絶対性を誇った中世ヨーロッパでは、「哲学は神学の婢《はしため》」であるといわれたが、戦前の日本でも「教育は政治の婢」であった。政府は教師と教育内容を統制して軍国主義を強制し、国民を侵略戦争に駆り立てていった。戦後教育は、それに対する深い反省に立って不戦の決意と民主主義の理念を高く掲げて、再出発したのである。

しかし、この戦後教育の理念は、米ソの冷戦とその暴発としての朝鮮戦争という不幸な国際紛争の現実によって最初の挫折を経験した。

朝鮮戦争は、対日講和条約の締結を早め、日米安保体制の下で、戦後復興から経済大国への道を開くことになった。このことは、冷戦がもたらした思いがけない幸運な成果であったと言ってよい。

しかし、日米安保体制は、軍国主義時代の旧勢力の政界への大量復帰を許し、戦争責任の追及と近隣諸国への戦後処理を曖昧な形にし、戦後民主主義を空洞化させる方向に働いたのである。

平和な民主国家として戦後史を歩むことは、三百十万人の尊い犠牲者の願いに応える唯一の道であるはずだったのに、歴史はこの悲願の前に大きく立ちはだかったのである。

復活した保守勢力は、安保体制下で防衛力を増強しながら高度経済成長路線を進めるために、憲法・教育基本法に基づく「平和と民主主義」の教育理念を骨抜きにする教育政策を強行していった。

朝鮮戦争を機に「教え子を再び戦場に送るな」をスローガンに掲げて反戦平和の教育を進めていた日教組を押え込むために、文部省は、これまで公選制であった教育委員を任命制に変え、勤務評定と教科書検定を強化することによって、戦前の教育政策さながらに教師と教育内容を統制して「教育を政治の婢」にしようとした。

文部省と日教組とが、処分とその撤回闘争を繰り返すことによって、教育現場では校長と一般教師、教師と生徒・父母の信頼関係が損なわれ、教育荒廃が増幅していった。しかも、一層事態を悪化させたのが、戦後教育の「宿痾《しゅくあ》」とも言うべき「受験戦争」であった。

受験戦争は、明治以来の学歴偏重を底流としながら、戦後の教育民主化による教育機会の拡大と、経済成長にともなう雇用機会の創出、国民の所得増大によってもたらされたものである。

入試制度は、学校教育を受けるのにふさわしい知能と徳性をそなえた児童・生徒を選抜する制度であるから、競争はある程度避けられないとしても、その激化が教育の本来の目的を逸脱し、登校拒否やいじめ、自殺、学級崩壊などの病理現象が多発するようになれば、放置できない社会問題となる。

受験戦争は、容易に治癒することのできない〝難病〟であるにも拘らず、〝日教組征伐〟に明け暮れる文部省は、これらを深刻に受けとめず、高度経済成長を担う財界の要望に沿って差別と選別の「能力主義」教育を押し進め、むしろ受験戦争を人材選別に「利用」してきたと言ってよい。

ただ文部省は、応急措置として、増加する登校拒否や悩みを抱える児童・生徒の相談に応ずるために、昭和四十年前後から教育委員会を指導して、学校に教育相談係を設け、手引書なども作成して配布した。

文部省が重い腰を上げて、受験戦争と正面から向かい合うようになるのは、昭和五十年代に入って続発する校内暴力やいじめ、登校拒否、自殺などの教育荒廃が一刻の猶予も許さないほど深刻になってからである。

まず着手したのが、大学入試改革であった。昭和五十四年に始まる共通一次試験は、過度の受験競争による教育の歪《ひず》みを解消するために、国立大学協会が中心となって検討を進めた結果実施されたものであった。

この制度の趣旨は、「高等学校段階における一般的、基礎的な学習の達成の程度」を測り、次いで各大学で独自に実施される各種の第二次試験の成績と総合して入学者を判定することにあった。

しかし、自己採点方式を導入したことなどから、受験生の偏差値情報への依存が強まったとの批判が集中した。平成二年から開始された大学入試センター試験も、受験戦争緩和の有効な手段とはなっていない。

前述したように、翌平成三年四月に、中央教育審議会は、「新しい時代に対応する教育の諸制度の改革について」と題する答申を、井上文相に提出した。注目すべき点は、「改革の背景」の中で「学校教育の偏差値偏重、受験戦争の激化、その前提となる高校間の『格差』、大学の『序列』は日本の教育の最大の病理である」ことをやっと認めたことである。

昭和三十年代以来、教育現場にあって受験偏重の教育の弊害をいやというほど見せつけられた心ある教師にとって、前述の中教審の指摘は、遅きに失し、行政の怠慢と言うほかはない。受験戦争に起因する教育崩壊は、もはや解決不可能のところまで泥沼化しているのである。

昭和四十三年後期から翌年にかけて吹き荒れた大学紛争も、平成七年三月二十日の東京地下鉄サリン事件以来注目を集めている「オウム真理教」事件も、受験戦争とそれを生み出した戦後社会の歪みと深いところで繋がっているように思われる。

大学紛争のピーク時には、東大、日大を筆頭に、全国大学の約八割の百六十五校がバリケード封鎖などにより紛争状態に突入した。このとき参加した学生は、自治会や党派を核とせず、全共闘と呼ばれたノン・セクトの大衆的学生組織に属する者たちであった。

大学紛争の背景には、国内的には学費の慢性的値上げや、高度経済成長政策による労働力の不足解消のために実施したマスプロ教育などの教育状況に対する不満、カリキュラム編成や寮・学生会館の管理・運営に対する自治権要求などがあった。また、対外的には、アメリカと結託した日本の「帝国主義的再編」に抵抗し、ベトナム戦争反対の意味も込められていた（三省堂編『戦後史大事典』五五八―五九ページ）。

しかし、この短期間に、大学の八割が全国的規模で連鎖反応的に紛争に突入し、東大安田講堂封鎖解除事件に代表されるように機動隊と衝突するなどの過激な行動には、情報化社会にありがちな、学生一人ひとりの主体的判断に基づくよりは他人指向型の「大衆的同調行動」の傾向が強く現われていたように思われる。

その背景には、受験戦争の戦士として長く苦しい勉強からの解放感と虚脱感が大学での地道な学問修業を阻害し、人間や社会に対する確かな認識を身につける努力を怠ってきた学生生活の実態があったのではないだろうか。

最近のオウム真理教事件も、全貌はまだ解明されてはいないけれども、同一の社会的土壌から発生したように考えられる。若者たちの超能力や心霊科学などオカルトへの関心は、大学紛争の鎮静化と引きかえに昭和四十年代の後半頃から芽生え、偏差値教育による教育荒廃が深刻化する中で増幅していった。過酷な受験戦争の現実から逃避して、理性を酔わせる神秘の世界に逃避したいという誘惑に勝てないのかも知れない。

この事件で主役を演じた麻原被告を中心とするオウム教団幹部は、ほとんど三十代から四十代の年齢層に属し、彼らは多感な学生時代を昭和四十年代の後半から五十年代の後半にかけて過ごした人びとであるから、丁度オカルト世代と重なっているのである。

オウム事件の原因を教育荒廃のみに帰する論議は、余りに短絡的に過ぎると批判されるかも知れないけれども、受験戦争の勝利者としての知的エリートであるはずの彼らが、空中浮揚やハルマゲドン予言の如き虚誕妄説《きょたんもうせつ》を信じて恐るべき破壊活動に向かって暴走していったことの背景には、人生の生き方を真摯に考えさせる「こころの教育」も、民主政治を担う主権者教育も、物事の真理を探究し善悪を弁別する理性教育も、共にないがしろにし、ひたすらに偏差値教育に狂奔した戦後教育と、それを生み出した物欲優先の戦後社会という土壌があったことは疑う余地がない。

私たち日本人は、近代民主主義の洗礼を受け、一人ひとりの自由と人権を尊重する市民社会を形成する好機に少なくとも二回恵まれた。第一回目は明治維新時であり、第二回目は十五年戦争の敗戦時であった。

しかし私たちは、この貴重な機会を充分に生かすことができなかった。明治維新時には、幕藩体制を廃止して中央集権的な国民国家を形成したが、二百六十余年つづいた封建門閥制の下で知的活力を具えた幅広い中産市民層が育つことができず、特権的な藩閥官僚による「上からの近代化」が行われるに留まった。

その上、十九世紀末の帝国主義国際環境の中で、国の独立を守るために、神権天皇制を支柱として政府による富国強兵策が推進され、教育もまた、この国策を担うために教育勅語による忠良《ちゆうりよう》の臣民の育成を期して行われた。

「一身の独立」を基礎として「一国の独立」を達成しようとした福沢諭吉の「独立自尊」の精神は、近代市民社会の世界史的潮流に棹さす正統思想であったにも拘らず、明治十四年（一八八一年）の政変により先進国イギリス流の議会制民主主義を主張する福沢思想に共鳴する大隈路線は斥けられ、後進国ドイツ流の立憲君主主義をモデルとする伊藤・山県路線が覇権を握って、戦前の政治体制が確定したのである。

第二回目の戦後民主主義もまた、核時代での米ソの冷戦という危機的国際環境の中で、充分に根づくことなく絶えず破綻の危機に曝され、ひ弱な体質を抱えたまま五十余年が経過している。

戦後の日本が国家目標とした「平和と民主主義」は、勝利者である連合国側から他律的に強制されたかの如く旧勢力ないし保守派により喧伝《けんでん》されてきたけれども、その理念は、「人類の多年にわたる自由獲得の努力」（日本国憲法第九十七条）の成果であり、人間の理性に根差す人類の普遍的価値観を示すものである。

冷戦後、湾岸戦争やユーゴスラビア問題などの地域紛争が多発し、国際平和への道はなお遠いけれども、三百十万人の尊い犠牲の上に手にした平和憲法に基づいて国際紛争の解決のために積極的貢献するとともに、戦後民主主義の原点に立ち返り、そこから戦後社会の山積する諸問題に光を当て、不透明な二十一世紀を展望する知恵を探らなければならない。

教育は本来、子どもの秘めている多様な能力の開花と生きる力の育成を援助する勝れて人間的な営みである。しかし、戦後五十余年の教育は、米ソの冷戦と朝鮮戦争後の日米安保体制の下で、旧勢力による保守党の長期政権と、これと対決する革新政党との政争の嵐に翻弄される中、受験戦争という〝難病〟に冒され、的確な治療法を発見できないまま、二十一世紀を迎えようとしている。それは、正に荊《いばら》の道であった。

家庭も学校も行政も、この深刻な事態を直視し、解決の糸口を見付けるために全力を注がなければならない。難病に苦しむ子どもたちの病床に付き添って看病する父母と教師の協力が、何より強く要請されるのである。

第3章
「こころの教育」への提言

新聞研究会に参加した新聞部員たちと（昭和36年）

現代日本の教育の最大の病理は、激化の一途を辿る受験戦争であり、そこから、いじめや不登校、自殺、中学教師ナイフ刺殺事件、学級崩壊などの深刻な教育荒廃現象が相次いで起こっている。

教育荒廃は、戦後の日本社会の歪《ひずみ》に深く根差しているので、容易に治癒できない〝宿痾《しゅくあ》〟であるが、これに対して、家庭と学校、行政が一体となって治療と闘病を根気強くつづけない限り、この国の明るい未来は開かれないだろう。

三十余年の私の教育実践を踏まえ、「こころの教育」を目ざして、道徳教育と個性教育と生涯教育との三つの角度からアプローチを試みようと思う。

1　道徳教育——良心に恥じない行動をとる

不幸なことに、戦後教育の中で「道徳教育」ほど、長い年月にわたって保革の政争の具と化して学校教育を混乱に陥れ、今もなお方向性すら見出せず、放置同然の状態に置かれているものはない。学校教育の中で子どもの徳性を養うことは、教育の根幹に属することであるはずなのに、このような奇妙な事態がつづいている理由は何であろうか。

戦前の教育は、前述のように、国家権力によって教師と教育内容を統制して軍国主義を強制し、国民を侵略戦争に駆り立てていった。戦後教育は、それに対する深い反省に立って、日本国憲法と教育基本法を制定し、平和と民主主義の理念を高く掲げて再出発した。しかし、不幸にして米ソの冷戦と、これに起因する日米安保体制がそれを歪め、さまざまな後遺症を残している。

戦後における道徳教育の改革は、公民教育刷新委員会（一九四五年発足。委員は戸田貞三、和辻哲郎、大河内一男ら）の答申を始め、文部省の『国民学校公民教師用指導書』および『中等学校、青年学校公民教師用指導書』（一九四六年）などにみられる公民教育構想を起点としている。

その構想は、教育基本法、学校教育法（一九四七年）に基づく新教育の発足後、昭和二十二年版・二十六年版の学習指導要領（試案）のもとで、社会科を中心として全教科指導の中で道徳教育を実践しようとするものであった。

新しい道徳教育の目標は、判断力と実践力に富んだ自主的・自律的人間の形成と基本的人権の尊重を中心とする民主的道徳の育成に置かれた。それは、西洋近代精神の世界史的潮流に棹さす、戦後民主主義教育の輝かしい出発を告げるものであったと言ってよい。

ところが、米ソ冷戦体制の中、昭和二十五年六月に朝鮮戦争が起こり、アメリカの対日占領政策が大きく転換し、民主化・非軍事化から再軍備による対共産圏への防波堤化が計られた。

文部省の教育課程審議会が「道徳教育振興に関する答申」を、「愛国心」をかなめとする道徳教育の強化を予《かね》てから主張していた天野貞祐文相に提出したのは、朝鮮戦争勃発の年の暮れであった。翌年九月、サンフランシスコで対日講和条約が締結され、独立を回復したわが国は、講和条約と同時に結ばれた日米安全保障条約の太いパイプをもとに、それ以後西側陣営の一員として戦後史を歩むことになった。

このような国際情勢および国内政治の影響を受けて、昭和三十三年の小・中学校学習指導要領の改定は、前述した戦後初期の道徳教育に重大な変更を加えるものとなった。

これまでの道徳教育は、知育と並行して行われる子どもの自主的な実践活動との結び付きの中で、学校の教育活動全体を通して行われるものとされていたのに、「道徳」の時間が教科とは別に特設され、「人間尊重の精神」を身につけた「日本人の育成」を目指すものに切りかえられたのである（三省堂編『戦後史大事典』、六五五—五六ページ）。

学校教育の中に道徳教育がこのような形で位置付けられるようになった背景には、独立国への復帰と自衛隊の創設（一九五四年）による再軍備にともなう「愛国心」の育成という政治的必要と、敗戦による「教育勅語」を核とする戦前の国民道徳の崩壊後、教育基本法に基づく近代的市民道徳の育成が定着せず、道義頽廃の進行という憂慮すべき社会的状況が並存していたことを認めなければならない。

ここで留意しなければならないことは、朝鮮戦争を機にアメリカの占領政策の転換によって、かつての戦犯を含む保守反動勢力が大量に政界に復帰したことである。この勢力は、平和と民主主義を推進しようとする革新勢力と対立し、道徳教育の実施をめぐっても、両勢力が文部省と日教組との代理戦争という形をとり、昭和三十年代以後、学校現場を混乱させる不幸な構図が描かれることになる。

そして、徳性を養うという教育の根幹にかかわる当然の営みが、今もなお国民的合意に達することができないのは、根本的には、私たち国民が戦争に対する徹底的な反省と戦争責任の追及、戦後処理を怠り、旧勢力の政界復帰を許したからである。日本の侵略や植民地支配をめぐる閣僚たちの近隣諸国を刺激する発言があとをたたないのは、アジア諸国との友好関係を深める上で大きな障害となっている。

戦後の道徳教育が定着しないのは、旧勢力が教育勅語を拠り所とする国家主義の道徳を引き摺っているとともに、革新勢力の側にも、個人の自主独立が国家の独立と活力の源泉であるとする近代市民社会の道徳の核心を理解して、これを社会に定着させるだけの思想的力量が不足していたからであると考えられる。

そのために、文部省が学習指導要領の改定により「道徳」の時間を特設し、道徳教育強化の方針を打ち出せば、日教組は戦前の修身科の復活を志向するものとして組織をあげて反対運動を展開するだけで、憲法・教育基本法に基づく新しい道徳教育の理念と実施について本格的な教育研究を組織して国民的論議を展開しようとしないまま、戦後五十余年が無為に経過して今日に至っている。

道徳教育をめぐる今日の問題状況がこのようなものであるとすれば、これからの道徳教育をどのように進めるべきかというテーマに方向性を与えることは、まことに困難である。

幕末から維新への時代の変革期を生きた福沢諭吉もまた、百三十年前に、私たちと同じような激動の時代を体験した。

福沢は、ペリー来航の翌安政元年（一八五四年）に郷里・中津を出て長崎で蘭学を学び、次いで大坂の緒方洪庵の「適塾」で西洋近代科学の基礎である「物理学」に開眼し、さらに三回の欧米巡歴によって個人の自主独立と人権が尊重される「近代市民社会」の現実を体験した。このときの体験と、ウェーランドやバックル、ギゾー、ミルなどの著作の学習によって福沢思想の核心としての「独立自尊」の精神が形成されるのである。

福沢の生涯を貫く悲願は、国の独立を守ることであり、そのためには、国民の一人ひとりが西洋の文明に学んで、一身の独立をなしとげることであった。「一身独立して一国独立す」という思想は、「中津留別の書」（明治三年＝一八七〇年）に始まり、『学問のすゝめ』（明治五—九年）を経て『文明論之概略』（明治八年）に至って、その理論体系を完成させる。

福沢思想の核心をなす「独立自尊」の精神は、個人の自由と平等を尊重する近代市民社会に由来するものであるから、私たちの社会認識と行動の原理としての戦後民主主義と同一の源泉から湧き出たものと認められるのである。

福沢思想についてそのような評価を下している私は、これからの道徳教育の在り方を考えるための貴重な参考資料の一つとして、彼の晩年の道徳教育に関する提言書「修身要領」を取り上げて、その今日的意味を明らかにしてみようと思う。

「修身要領」が作成されたのは、明治三十三年（一九〇〇年）二月十一日の紀元節の日であり、教育勅語が発布された十年後にあたる。しかも、福沢は「修身要領」作成の一年後の二月三日に死を迎えているので、最晩年の文書であると言ってよい。

「修身要領」を作成するにあたって、明らかに「教育勅語」（以下、「修身要領」と「教育勅語」をそれぞれ「要領」、「勅語」と略記）を意識していたとみられるが、彼は「勅語」をどう受け止めていたのだろうか。

福沢は「勅語」発布にあたって何の発言もしなかったが、慶応義塾では一般の官公立学校と違い、祝祭日にも「御真影」（天皇の写真）を拝んだり、「勅語」を捧読《ほうどく》する儀式を行わず、授業を休むだけであった、という。

これについて、公立小学校から慶応義塾に転校し長年塾長を務め、戦後文相として教育基本法制定に尽力した高橋誠一郎は、「神格化された万世一系の天皇を絶対至高善の具現者として取り扱うことを敬遠したものであろう」（『随筆慶応義塾』〔一九七〇年〕所収、『福沢諭吉選集』第三巻、山住正己「解説」三二一ページより）。

「要領」は、福沢の高弟の小幡篤次郎以下六名と、長男一太郎が道徳の規範とすべき条項を福沢の平素の言行に基づいてその文案をつくり、福沢の閲覧を経て作成されたものである。福沢が「要領」の作成を思いたったのは、「文明日新」の時代にあたって、「修身処世」の在り方について若い学生たちが惑い悩んで、先輩たちに質問することが度々であったからである。

福沢は、本文に先立って、日本臣民たる者は、万世一系の皇室をいただいてその恩徳を仰がなければならないけれども、今日の男女が今日の社会の中でどう生きるべきかについては、ひとのとおりの道徳を教えるだけでは足りない、と述べている。

その理由は、道徳は文明の進歩とともに変化するのが道理であるから、「文明日新」の社会には、その社会に適合した道徳がなければならないのは、自然の勢いである、と考えるのである。

ここでは、古今、中外に通じて謬《あやま》らないとする「勅語」の教える道徳をあからさまに否定する方針を避け、「文明日新」の世に処するには、暗に「勅語」だけでは不充分であるとして棚上げする形で、正面衝突を避けようとする。これは、福沢の物事を処理する現実的姿勢を示すものである。

しかし、「要領」の内容を検討すると、いくつかの点で「勅語」とは「理念」の上で根本的に相容れない箇所を見出すのである。

第一に、「修身処世」の要領は、「個」の「独立自尊」にありとして、この根本理念に基づいて家族生活から説き起こして社会生活に及び、国家生活を経て人類社会の一員としての道徳にまで言及している。この思想は、個人の尊厳を道徳の基本に据える近代市民社会の世界史的潮流に棹さすものとして、戦後民主主義のあるべき道徳の形を先取りしたものと評価することができる。

第二に、個人生活の心構えの要点として、人間としての「品位」を辱めないよう行動することや、「自労自活」は独立自尊の人たる者の最初に心がけなければならないこと、身体を大切にし健康を保つことは、生活を営む上で不可欠の条件であるから、常に心身を快活にして仮初《かりそめ》にも「不養生」にならないよう身を慎むこと、「天寿」を全うすることは人間としての「本分」であるから、どんな事情があっても自殺することは独立自尊の趣旨に反し、道理にもとる「卑怯」な行為であること、不屈の精神をもって困難に立ち向かわなければ独立自尊の主義を実現することはできないので、進取の気性と勇気を養うこと、独立自尊の人は、他人に依頼せずに自分の進むべき道を考えて決断することのできる「智力」を具えなければならないこと、を提言している。

これらは何れも、「独立自尊」の行動原理を実現するための大切な心構えを懇切に説いたものとして傾聴に値する内容であるが、人間としての「品位」を堅持すること、「天寿」を全うすることは人間としての「本分」であること、自分の進路を決定するための「人生智」を養うことの三点は、特に今の若い人たちにとって貴重な提言ではないかと思う。

第三に、男女の人間関係については、男尊女卑は「野蛮の陋習《ろうしゅう》」であり、「文明」の男女は平等で、互いに敬愛し合ってそれぞれの独立自尊を完成するよう努力しなければならない、とする。このような独立自尊の男女が結婚することによって、近代市民社会を支える要素としての健全な家族生活がスタートするのである。

第四に、家族生活については、「中津留別の書」以来、「人倫の大本は夫婦」であり、親子

・兄弟姉妹の関係は、夫婦関係の後に生ずるものであるとする見地に立って、その道徳的な在り方が述べられている。
夫婦は、互いに敬愛し合って独立自尊を犯さないのが「人倫の始」である。子育てにあたっては、父母は、子どももまた独立自尊の人であるけれども、幼時には教え養う責任を果たさなければならないし、子どももまた、父母の訓戒にしたがって熱心に勉励し、成人した後、独立自尊の社会人となるための教養と技術を身につけなければならない。

独立自尊の人となるには、男女とも成人した後も、自己教育によって学問に勉め、知識を開発し、徳性を修養する心がけを怠ってはならない。今日盛んに叫ばれている生涯学習の必要を、時代に先がけて説いていることに注目しなければならない。

第五に、社会生活については、「家族」が「社会」の構素要素であるから、「健全な社会の基は、一人一家の独立自尊に在りと知る可し」という主張は、社会秩序の崩壊が進む今日、その病理現象の要因が家族崩壊にあるとの警告であると受け止めるべきであろう。

社会生活の心構えとしては、他人の権利幸福を自分のものと同様に尊重すること、職業に忠実であること、信義と礼儀作法を重んずること、自愛の情を広めて他人に及ぼし、その苦しみを軽減し、その福利を増進することは「博愛」の行為であって人間の美徳であること、博愛の行為は人間だけに留まらず禽獣《きんじゅう》にまで及ぼし、禽獣を虐待したり無益な「殺生」をなしてはならないことを説いている。ここでは、キリスト教の隣人愛や仏教の慈悲の精神が織り込まれている。

戦後の民主主義が未成熟であるため、自分の権利幸福のみを主張し、他人のそれを侵害することを意に介さなかったり、礼儀作法を封建的儒教道徳の名残りであるかの如く誤解して軽視する風潮が今も見受けられるのは残念である。

第六に、国家生活について、政府と国民との基本的関係が説かれ、国民の権利と義務が教えられている。この項目が、「勅語」と「要領」との根本的な相違を浮き彫りにしている点である。

「勅語」では、国家は万世一系の天皇により「皇祖皇宗」の遺訓にしたがって治められ、「臣民」はこの遺訓にしたがって忠孝に励み、国の大事に際しては一命を投げ打って天皇のために尽くし、「天壌無窮《てんじょうむきゅう》の皇運」をお助けしなければならない、と説かれている。

これに対して「要領」では、国の構成要素としての「政府」は、同じく構成要素としての「国民」の生命、身体、財産、名誉、自由を守るために、政令を行い軍備を設けている、と説く。ここには、明らかに近代市民社会における社会契約的国家観がみられる。政府は国民の権利と自由を守るために、国民の合意により設けられ、国家は国民と政府によって構成されるのである。

したがって、国民は国の独立を守り維持するために、軍務に服し国費を負担する義務がある。そのために国の立法に参与し国費の用途を監督するのは、国民の権利であり義務である。さらに、国の大事に際しては、日本国民の男女を問わず、国の独立自尊を維持するために、生命財産を投げ打って敵国と戦う義務があることを忘れてはならない、と力説する。これは、戦後の平和憲法にそぐわない思想として、慶応義塾の学生の間で一時批判の的となったといわれているが、十九世紀末の帝国主義的国際環境のもとで「要領」がつくられたという点を考慮に入れる必要がある。

第七に、国家を超えた人類社会に処する道として、宗教、言語、習俗を異にする多数の国家が存在する中にあって、それらの国民は、等しく同じ人間であるから、これらの国民と交わるには、軽重厚薄の別なく平等に尊重しなければ、独立自尊の趣旨に反する、と説く。

福沢は『学問のすゝめ』の中で、「日本とても西洋諸国とても、同じ天地の間にありて、同じ日輪に照らされ、同じ月を眺《なが》め、海を共にし、空気を共にし、情合相同じき人民なれば……天理人道に従って互いの交を結び、理のためにはアフリカの黒奴にも恐れ入り、道のためには英吉利《イギリス》・亜米利加《アメリカ》の軍艦をも恐れず……」(『福沢輸吉全集』第三巻、三〇ページ)と言って道理に基づく国際社会の在り方を主張しているが、同じような表現が多くの著述の中で見られるのである。

第八に、教育の役割について、人がこの世に生まれるとき、智愚強弱の差があるのは止むを得ないけれども、智強の数を増やし愚弱の数を減らすのは、教育の力であるから、教育は人の独立自尊の道を教えて、これを実践する工夫を啓《ひら》くものである、と教えている。

福沢の「要領」は「道徳」の根本原理を「独立自尊」に置くものであるから、皇室の祖先神、天照大神と神武天皇以下歴代の天皇の「遺訓」に基礎を置く「勅語」とは異質なものである。「要領」は、道徳の原理を人間の理性（良心）に置く近代的な「自律道徳」であるのに対し、「勅語」は、神話的国体観に基づく前近代的な「他律道徳」である。

「勅語」は、明治十年代に国会開設を要求して激しく争った自由民権運動を抑圧した後、藩閥政府がドイツ流の天皇主権国家を道徳的に支える目的で、明治二十三年（一八九〇年）に、前年の帝国憲法制定につづく帝国議会開会の直前に天皇の道徳的訓戒という形式で発布したものである。

近代市民国家では、宗教、道徳、教育は本来、政治権力の介入を許さない内心の自由の領域に属することを考慮に入れるならば、「勅語」の発布は、福沢のいう「権力偏重の遺伝毒」の所産であって、昭和初期の不幸な国家主義・軍国主義を準備するものであったと言ってよい。

教育勅語は、敗戦後の昭和二十三年六月、国会決議によって法的には廃止されたけれども、その後遺症は完治せず、日本国憲法・教育基本法に基づく新しい道徳教育の最大の阻害要因となって今日に及んでいる。天皇の如き外的権威に依存する前近代的な他律道徳を排除し、個人の理性（良心）に基づく自律道徳を育てるためには、「独立自尊」を高唱した福沢諭吉の思想に学んで、これからの道徳教育を進めるための貴重な参考資料の一つにされることを希望するものである。それ故、一昨年（一九九九年）の夏に成立した国旗・国歌法もこの見地に立って、市民道徳の阻害要因にならないよう適切な法執行を強く要請したいと思う。

2　個性教育――独自の価値を発見し、育てる

「こころの教育」の根幹をなす道徳教育が、戦後五十余年経った今もなお定着しないのは、戦後政治の実権を掌握した旧勢力が、教育勅語を拠り所とする国家主義の道徳を引き摺っているとともに、革新勢力の側にも、個人の自主独立が国家の独立と活力の源泉であるとする近代市民社会の道徳の核心を理解して、これを社会に定着させるだけの思想的力量が不足していたからであることは、前述の通りである。

近代市民社会の道徳は、天皇の如き外的権威に依存する他律道徳を排除し、個人に内在す

る理性（良心）に基づく自律道徳でなければならない。個人の尊厳は理性の自律に基づくのである。

これから論述しようとする個性重視の教育もまた、この原則を踏まえたものでなければならない。だが、国家主義による富国強兵のための戦前の教育も、復興期から高度成長期への戦後の教育も、個性を無視した画一的・選別的競争教育であったという点では共通であったと言ってよい。ただ、戦前の教育が今日みられるような荒廃した社会病理現象を招来しなかったのは、貧富の差が教育の機会均等を妨げ、進学競争の激化を抑制したからであった。

戦後の教育は、敗戦によって国家主義の呪縛から解放され、日本国憲法と教育基本法に基づく平和な民主国家の建設を目的として再出発した。

教育基本法の前文には、新国家の建設は教育の力にまつべきものとして、次のような高い理念が示されている。

われらは、さきに、日本国憲法を確定し、民主的で文化的な国家を建設して、世界の平和と人類の福祉に貢献しようとする決意を示した。この理想の実現は、根本において教育の力にまつべきものである。

われらは、個人の尊厳を重んじ、真理と平和を希求する人間の育成を期するとともに、普遍的にしてしかも個性ゆたかな文化の創造をめざす教育を普及徹底しなければならない。

ここで私が注目したいのは、第一に日本国憲法の理想の実現は、根本的には「教育」の力にまつということ、第二に教育の目指す人間像は、「個人の尊厳」に立脚して「真理と平和」を希求する人間であること、の二点である。戦前においては、「教育」は「国家」の婢《はしため》に過ぎなかったが、戦後においては、「教育」が新しい「国家」建設の主役を演ずる決意が高唱されている。

戦後の新しい「国家」の構成要素は、真理と平和を希求する「尊厳な個人」でなければならないことが理念として高く掲げられている。

これらの考え方は、ルネサンスから始まって、宗教改革、市民革命を経て市民社会に至る西洋近代精神の世界史的潮流に棹さす戦後民主主義の核心を示すものであった。

このように考えると、個性教育は、戦後民主主義の担い手としての個人の尊厳性を自覚した主権者を育成する営みであるから、戦後復興期から高度経済成長期に財界が要求する過酷な労働と低賃金に耐える旺盛な労働意欲と、高度な科学技術を体得した企業戦士を養成する下請け事業とは異質なものである。

一九六〇年代以降、能力主義《メリットクラシー》（Meritcracy）の名のもとで行われた企業戦士選別の偏差値信仰教育は、受験戦争を激化させ、学校・家庭を巻き込んで、今日みられる如き不登校・いじめ・暴力行為などの教育荒廃を生む出発点となったことは、疑う余地がない。

では、戦前・戦後を通じて個性を尊重する教育が軽視され、国による上からの画一教育が強く進められた理由は何であろうか。明治期に遡れば、明治十四年（一八八一年）の政変で、他国に先駆けて市民社会を実現したイギリス型議会制民主政治を志向する大隈重信や福沢諭吉らに対して、後進国ドイツ（プロシア）型の強権的君主政治を目指す伊藤博文や山県有朋らが覇権を掌握し、大日本帝国憲法と教育勅語に基づく「上からの近代化政策」を推し進めていったことに求められる。

先進欧米諸国に追い付き追い越す道が、戦前の日本の至上命令になったのである。そのためには、教育は、個性を伸張することによって個人の幸福を保障する基本的人権の一つではなく、富国強兵のための人材育成政策に応ずる「臣民」に課せられた義務となるのである。

戦前の国民は、小学校において教育勅語に基づいて忠君愛国の道を教える徳育と、自然・社会・人文の原理を学ばせる知育と、軍事・体操の訓練を課する体育を、国定教科書に従って修めることが義務とされたのである。

中等、高等諸学校は、帝国大学を頂点としてピラミッド型に構成され、各段階に応じて学術・教育を分担し、欧米先進国に追い付き追い越すことを目標に、各分野の優秀な指導者の育成を期して精進することになった。追い付き型教育では、上級学校への入学試験による競争と選抜によって官界・実業界の優れた人材確保が計られた。

第一次世界大戦後の資本主義の高度化を背景に、大学・高等専門学校などの高等教育機関の増設と進学熱の高揚によって、大正から昭和にかけて今日の受験地獄を先取した状況が生まれた。久米正雄の小説『受験生の手記』は、このような時代背景を映した問題作の一つであった。

戦後において、個性教育が開始される環境と条件は、敗戦によって明治以後の国家主義教育が崩壊した後に、日本国憲法と教育基本法によって整えられたが、廃墟と化した国土と灰燼《かいじん》に帰した生産設備を利用して生産を再開することは困難を極めた。

朝鮮戦争による米軍の特需を梃《てこ》に戦後復興から高度経済成長への道を歩むことが、飢餓からの脱出と生活の安定を達成するための至上命令となった。戦前の国権伸張を目指す富国強兵政策は崩壊したけれども、民生安定のための「富国」だけは生き残った。

軍事大国から経済大国への政策転換の過程の中で、戦争を指導した旧勢力が復活して政・

官・財界に大量に復帰し、冷戦・日米安保体制のもとで戦後民主主義の見直し作業が開始され、その流れは益々強くなって今日に及んでいる。

自民・自由・公明三党連立の小渕恵三政権が自民・公明・保守連立の森政権に変わった(二〇〇〇年)けれども、数の力を背景にして国会に「憲法調査会」、首相の私的諮問機関「教育改革国民会議」がそれぞれ設置され、憲法と教育基本法の見直しをも視野に入れた本格的活動が開始されようとしている。

教育基本法について森喜朗首相は衆議院本会議で、保守党の野田毅幹事長の質問に対して、「戦後の教育を振り返ると、伝統文化の尊重など日本人として持つべき豊かな心や倫理観、道徳心をはぐくむという観点は必ずしも十分でなかった。家族のきずなを大切にすることも重要。見直しについて幅広く大いに議論し、検討することが必要だ」(「朝日新聞」二〇〇〇年四月十二日)と答弁している。

これは、戦後民主教育が今日、国民の道義心低下と学校荒廃を醸成したとする旧勢力の教育観と社会観を代弁し、これまでにも幾度か繰り返された見解である。

今日の荒廃した人心と社会を醸成した根本原因は、戦後民主主義を実践した結果ではなく、逆にその妨害と挫折を企てた保守政権の長期化による政治腐敗と民心の荒廃にあることは、最近の度重なる警察不祥事が象徴する通りである。

このような戦後史の流れを通観すると、個性教育は、戦前の国家主義に代わる経済至上主義の中で、再び陽の目を見る機会を奪われている。今日の教育を荒廃から救い、人間性を育てる本来の姿に立ち返らせる鍵は、一人ひとりの子どもたちが自分の「個性」に目覚め、これを伸ばすことに生きがいを見出す個性教育にあることは明白である。

では、個性とは何か、個性を育てる教育はどう進めたらよいか、このことについて考えてみようと思う。

私たち一人ひとりは、本来個性をもった独自の存在である。他の何者とも取り換えることを許されない、この世に唯一つしかない存在である。唯一つしかないから、他と比較することができない。その意味で絶対的存在であると言ってよい。

釈迦が生まれてすぐ三歩歩き、「天上天下唯我独尊」と言ったというエピソードは、歴史的事実ではないとしても、自己の存在が他者と比較することのできない唯一の尊い存在であることを示し、それは、大勢の弟子たちが嘆き悲しむ死の床で、「自分を灯とせよ、法を灯とせよ」と諭した彼の最後の教えを先取りしたものである。

私がここで考えてみようとする個性は、個人に内在する特別な「能力」とか「才能」を意味しない。そういう意味の個性に恵まれた人は、少数のエリートに過ぎない。そこには、比較による序列化された価値が前提されている。

数理や語学、音楽や文学など人間の精神活動の一つの分野に注目して、その優劣を競うことだけに個性教育を矮小《わいしょう》化することは、個性教育に名をかりて人間性の全面開花を目指す本来の教育を歪めるものである。

個性教育は、自分の特別な「才能」を発見し、これを伸ばす教育ではなく、自分自身が他の何者とも取り換えることのできない、この世に唯一つしかない独自の尊い存在であることに気付き、確信をもって生きるように導く教育である。

だが、自己の個性に気付くことは容易ではない。夏目漱石の如き第一級の知性も、自己の全身全霊を賭してこの問題を解決しようとして苦しんだ。

私はこの世に生まれた以上何かしなければならん、といって何をして好いか少しも見当が付かない。私は丁度《ちょうど》霧の中に閉じ込められた孤独な人間のように立ち竦《すく》んでしまったのです。

（三好行雄編『漱石文明論集』岩波文庫、一一一ページ）

これは、死の二年前の大正三年（一九一四年）十一月二十五日に、学習院輔仁会で「私の個人主義」と題して行った講演の一節である。彼は学生に向かって、自分の生涯を回顧しながら、「他人の尻馬」に乗って無批判に行動し生きることを戒め、個性的に生きることの大切さを力説したのである。

彼は、帝国大学で英文学を専攻し、五高教授時代に英文学研究のためにイギリスに留学し、学者の講義を聴き専門書を次々と読破したが、文学の本質をつかむことができずに懊悩《おうのう》する。最後に、文学とは何かを「自力」で作り上げるより外に自分を救う道はないのだと悟る。そのとき「自己本位」という言葉を手にして自信を取り戻し、「自分の鶴嘴をがっちりと鉱脈に掘り当てたような気がした」(一一五ページ)と語っている。

帰国後、「自己本位」の見地に立って英文学研究を通路として日本の近代化の得失を考えつづけたが、東京帝国大学文科大学で行った講義『文学論』(明治四十年＝一九〇七年)を出版した後、文学研究を「学理的閑文学」(『文学論』序)と見なし、現実を見据えながら創作活動する小説家に、自己実現の道を見出したのである。

私自身の個性探しの旅を辿ってみたい。漱石は、明治日本の「皮相上滑り」の近代化の風潮を批判しながらも東西文明の相剋の中で揺るぎなき自我の確立を求めて苦悩したが、私もまた、戦中の国家主義から戦後の民主主義への激動の時代に、人間安心《あんじん》の道を探し求めて「霧の中に閉じ込められた」孤独な旅人のように「立ち竦《すく》ん」だり、あてどもなくさ迷い歩いたりした。

霧が晴れて陽光が射し始めたのは、旧制福岡高等学校で理科生として高等物理学と微積分学や解析幾何学、行列式などの高等数学を学び、その精緻な理論と透徹した実験的精神の見事な結晶に驚嘆したときからであった。

戦争中にあれほど排撃された「鬼畜米英」の文化が、近代科学という貴重な宝物を備えていたことは、新たな発見であり、その母胎としての西洋近代精神の核心を学びたいという熱い思いが湧き起こったのである。

こうして、高校の恩師山本清幸先生のご教示によって、西田幾多郎・田辺元の学統を継承する京都大学哲学科の門を叩いたのである。

京都大学の学部・大学院での七年間に及ぶ学究生活では、批判哲学者のカントを中心とした西洋近代思想と、亡き母に育まれ、大学と知恩院継志学寮、平安高校での学道生活によって深められた無常と慈悲の教えを説く仏教的人生哲学とによって、人間安心の道を見出すことができたのである。

中津に帰って高校教師を三十余年勤めたが、それは冷戦・日米安保体制下において旧勢力が政・官・財界に大量復帰し、戦後民主主義が挫折する中で「能力主義」の名の下に個性無視の選別教育が進められ、受験戦争が教育荒廃を激化させる時期と重なっていた。

定年退職後、遅れ馳せながら福沢輸吉の思想に出会い、彼が私より百三十年前に、西洋近代思想の核心を科学技術と「独立自尊」の精神であるととらえていることを知って、私にとって正真正銘の先覚者となったのである。

今私は、志ある市民とともに十数年来、福沢輸吉の著書を会読《かいどく》し、その精神を二十一世紀に生かすことを念願している。私の「個性」は、戦中から戦後への激動する歴史を見詰めながらの学問と社会生活の中で発見され、育成されて現在を迎えている。

個性を養い育てる教育は、富国強兵や経済至上主義に基づく国の「上からの」教育政策によって実現させることはできない。これは歴史の偽らざる教訓である。

個性教育は、福沢が『学問之独立』(明治十六年＝一八八三年)の中で提案しているように、民間の有識者から成る「学事会」の如き組織が研究協議して提言し、国民的議論を経て実施すべきものであろう。その際、父母と教師が自らの研究と修養を深めることが、成否を決める鍵であることを銘記しなければならない。

3　生涯教育——生死を視野に収めて、焦らずに生きる

今日の教育荒廃を生み出した原因は遠く深い。戦前の日本の教育においては、後進国とし

て同じ後進国ドイツをモデルとし、先進国に追い付くために富国強兵を支える人材育成の選別教育を推進した。その際、国民道徳の支柱は神話的国体観に基づく教育勅語であった。

戦後の教育もまた、戦後復興と高度経済成長を担う人材育成の選別教育であった。それを支える精神的支柱は、個人の尊厳を尊重する市民社会の道徳であるべきはずであったのに、敗戦の後遺症がこれを妨げ、物欲優先の行動原理のみが横行している。

事態を一層不幸にしたのは、朝鮮戦争後、日米安保体制に伴って旧勢力が復活し、憲法・教育基本法に基づく戦後民主主義の形骸化を進めようとしたことである。旧勢力は教育勅語に郷愁を感じ、教育基本法を見直すことを企図しているのであるから、理性の自律に基づく市民道徳が定着することができず、道義頽廃の憂慮すべき深刻な今日の事態を招くことになった。

今日の教育荒廃の土壌をなしているのは、敗戦の後遺症による道義頽廃の人心と、経済優先の人材選別による受験戦争との複合汚染のそれであることは疑えない。福沢の言う「心の高尚」を忘れて「身の安楽」の追求のみに狂奔する凄惨なまでの物欲社会が、教育荒廃の背景となっている。

受験戦争は、有名大学への合否がその後の全人生の成否を決定するという〝信仰〟に基づき、東大を頂点とする巨大な学校ピラミッドの登頂に挑戦する〝志の低い〟戦いである。

学校現場では、校長以下全教師は「こころの教育」を軽視し、有名大学への合格率を高めることのみに腐心し、父母生徒もそのために涙ぐましい努力を傾けようとする。

そういう風潮の中にあっても、心ある教師や生徒は、入試対策中心の授業と模擬テストに明け暮れるだけの学校生活に疑問を感じ、人生行路の中で学問することの意味を考えながら学校生活を送りたいという健全な心をもっていた。だがそれは、少数派に過ぎなかった。

中津北高に勤務していた昭和五十年代の初め、ＰＴＡ総会後の学年集会で進路指導や生徒指導、特別教育活動と並んで、担当していた図書館の役割について説明した際に、私は人格形成にとって読書が決定的に重要であることを強調した。

そのとき出席していた父親のＴさんが、「読書などに力を入れるから、北高の進学率が落ちるのですよ」と、強い口調で批判した。読書などする暇があったら、英語や数学の問題を一問でも多く解く方がよいということらしい。驚くべき短絡的な見解であるが、進学一辺倒の大多数の教師の見解とも一致するものであり、当時の進学校の一般的風潮を象徴するものであったと言ってよい。

その頃、中津南高で開かれた県北地区の進路指導協議会に出席した。その会では、進学率を高めるために、主として模擬テストのデータ利用や進学先の選定などのテーマを中心に、進路指導のテクニックについての情報交換がなされた。

青年期の直中にある高校生にとって、模擬テストで何点とれば何大学に進学できるか、というような卑近な情報提供以前に、何を生きがいとし、学ぶことの意味をどこに見出せばよいのかについて考えさせる充分な時間が確保されなければならない。幸いなことに、昭和三十三年の学習指導要領の改定により、週一時間のロング・ホームルームの時間が設定されていたので、入学後三年間をかけて教師と生徒が共に考え、共に学ぶことが、進路指導の際にも前提となるべきである、という趣旨の発言をした。

その後のフリー・トーキングの会で、出席していた中津南高のS先生が私の発言に共感し、これまでの進路指導に欠落していた基本理念を表明したものとして賛成してくれたことを思い出す。

このような理念に立つ進路指導が行われていれば、受験生が大学入学後、〝人生の勝利者〟であるかの如き錯覚に陥って学業を疎《おろそ》かにし、留年を繰り返したり、退学したりする愚は避けられるはずである。

当時、九州大学の入試説明会で、担当者から、進学校の最右翼の大分県出身学生に毎年留年生が最も多い、という苦情が漏らされたことがある。

これでは、国公立大学合格者の数の多寡によって学校のランク付けがなされ、校長の評価にも影響するために〝挙校一致〟して、〝志の低い〟生徒を有名大学に送り込むことだけに生きがいを感じる〝志の低い〟教師を生み出す体質が形成されることになる。この傾向は、ますますエスカレートして今日に至っている。

高級官僚や大企業の経営者の相次ぐ不祥事は、〝志の低い〟エリートを大量生産する日本の受験体制と無関係ではあるまいと思われるのである。

これまで、戦後の日本社会の歪《ひずみ》に深く根差している教育荒廃を救う道を「こころの教育」の復権に求め、道徳教育と個性教育という角度からアプローチを試みた。最後に、生涯教育の視点に立って提言をまとめたいと思う。

「生涯教育」(Lifelong Education)という理念は、昭和四十年、パリのユネスコ(国連教育科学文化機構)の世界成人教育推進委員会で、ポール・ラングランによって初めて提起された。その背景には、欧米先進諸国の社会と文明が陥っている深刻な危機があり、彼は政治・経済・文化の諸問題の解決を教育・学習の革新による人間変革に求めたのである。

日本でも、戦後復興につづく高度経済成長の歪が、昭和四十年頃から各分野に現われ始めた。経済成長最優先の政策は、大気汚染や水質汚濁などの環境破壊をもたらし、水俣病やイタイイタイ病など住民の健康と生存を脅かす公害事件に対する裁判、闘争が相次いで起こり、いずれも住民側が勝訴した。

教育の分野では、昭和四十三年から翌年にかけて、大学紛争が多発した。これは、前述したように学費の慢性的値上げや、高度成長政策による中・下級労働者の不足解消のための、大学大衆化がもたらしたマスプロ教育など、大学内の教育的状況に対する不満に加えて、カリキュラム編成や寮・学生会館の管理・運営の自治権問題などの学生管理体制強化に対する反発、さらにベトナム戦争に対する日本政府の対応に反戦平和を求める学生の抗議によるものであった。

大学紛争は、大学臨時措置法の制定（一九六九年八月）や、大学側による機動隊導入など弾圧体制強化もあって一般学生の運動離れが進み、発生後一年を経ずして、矛盾の根本的解決を先送りしたまま、実質的に鎮静化した。

一方、大学入試をめぐる受験戦争は、一向に鎮静化の兆しすら見えないまま、ますますエスカレートしていった。受験制度による選別教育に対する不満は、昭和五十年頃から、校内暴力やいじめ、不登校、学級崩壊の激増と深刻な社会問題となって現われ現在に至っている。

今日の教育荒廃を解決する道は、児童・生徒が過度の競争による選別の苦しみから解放され、自己の掛け替えのない独自の価値（個性）に目覚め、これを生涯にわたって育て伸ばすよう援助する学校本来の姿に立ち返ることに求められる。それは「個性教育」であるとともに「生涯教育」である。

そのような視点に立てば、ラングランの提起した「生涯教育」は、日本の場合、成人教育の分野ではなく学校教育の領域で最初に取り上げるべきであった。

しかし、技術革新と長寿社会に対応するために、一九八〇年代に、厚生省の「長寿社会対策大綱」や労働省の「生涯能力開発給付制度」と並行して、文部省は、中央教育審議会答申「生涯教育について」（一九八一年）と臨時教育審議会答申（一九八五―八七年）において、二十一世紀のための教育改革の視点として「個性重視の原則」と国際化・情報化など「変化への対応」とともに「生涯学習体系への移行」を提言したが、それを推進するための具体的施策をほとんど実行していない。

前述した中教審答申「生涯教育について」は、生涯教育の理念について次のように述べている。

今日、変化の激しい社会にあって、人々は自己の充実啓発や生活の向上のために適切かつ豊かな学習の機会を求めている。

これらの学習は、各自の自発意志に基づいて行うことを基本とするものであり、必要に応じて、自己に適した手段方法は、これを自ら選んで生涯を通じて行うものである。

この意味で、これを生涯学習と呼ぶのにふさわしい。

この生涯学習のために自ら学習する意欲と能力を養い、社会のさまざまな教育機能を相互の関連性を考慮しつつ総合的に整備充実しようとするのが生涯教育の考え方である。言い換えれば、生涯教育とは国民一人一人が充実した人生を送ることを目指して生涯にわたって行う学習を助けるために、教育制度全体がその上に打ち立てられるべき基本的な理念である。

（香川正弘・宮坂広作編著『生涯学習の創造』ミネルヴァ書房、三一ページ）

現代人は、変化の激しい社会の中で自己を啓発し、生活を向上させるために、適切な学習の機会を求めているので、国は教育制度を総合的に整備し、国民一人ひとりが充実した人生を目指して生涯学習を行うことができるように援助しなければならない。国民の「生涯学習」を援助する国の教育サービスの理念が「生涯教育」というのである。

これは、成人を対象とした社会教育の領域にフィットした考え方ではあるけれども、未成人の生徒を対象とした学校教育に導入し、今日の深刻な病める教育を改善して健康を回復する第一歩とするためには、教師が生徒に〝診療方針〟を説明し、同意を得て共に〝病気〟を治す努力をしなければならない。

今の生徒の大多数は、幼児から学歴信仰を心に刻み込まれ、受験戦争の勝利者となる以外に幸福な人生は送れないと思い込まされている。これは、明治以後の学歴社会の大衆化によるものである。

こういう信仰を抱いて学校生活を送っている受験生は、自分の個性を発見し、これを養い育てる人生を送ることが一番大切だということに気付かず、受験勉強に明け暮れ、点数の上下に一喜一憂する。

教師は第一に、受験指導とともに、生徒が個性を発見する機会を用意しなければならない。ホームルームで読書会や討論会を開いたり、クラブ活動への参加を奨励することが必要である。前述したように、私が現職時代に結成し、指導した「未知の会」は、そういう目的でつくられたものである。文部省が昭和五十二年に、学習指導要領の改定で設けた「ゆとりの時間」も、高度経済成長期の一九六〇年代後半以来の「詰め込み主義」による「落ちこぼし教育」への反省による措置であるが、問題意識をもち、「こころの教育」の資質を具えた教師でなければ、この時間を有効に利用することは困難であろう。

第二に教師は、集団指導をするだけではなく、学校生活への適応障害を抱えた生徒の悩みを受容するカウンセリング・マインドをもつとともに、生徒の求めに応じて教師自身の人生観の一端を披瀝《ひれき》する機会があってもよいと思う。今日のような混迷の時代には、若い人たちは安定した時代にはない多くの疑問や悩みを抱えているからである。

福沢諭吉は、明治二十五年（一八九二年）十一月十二日に行われた慶応義塾演説で、人生行路に旅立とうとする塾生に向かって、実生活の諸問題に処するに際しての人生哲学を語っている。

「人生万事を随時の戯としながら本気にこれを勉強辛苦するの一事は、諸君が今日本塾に居て学業を修め、成業の後、世に出て家事世事に処するにも欠くべからざる要訣なりと知るべし」と語ったのち、学者や政治家、実業家として世に出たときの心がまえを説いている。

学問は人生に必要であり、学問の嗜《たしなみ》がなければ、文明の世間で生きていくことはできないので、努力して本気で勉強しなければならないけれども、学問もまた「人生百戯」の中の一つであるから、その勉強の間にも広い視野を養い、読書して理論を追求する以外に、もっと大切な心の修養、処世の工夫が必要である。

また、政治家が権力を争い、若者が立身出世の前後を争い、商売人が利を争う場合に、幸いにして成功すれば無上の愉快を感じるが、不幸にして失敗すれば落胆して醜態を示す事例が世間に珍しくない。人間というものは、「人生万事戯れ」と言いながらも、実際の場面にあたれば、これに熱中し、事と次第によっては生命を犠牲にすることもあるけれども、時として心事を一転して人生の常なき原則を思い出し、自分も「浮世の百戯」の中にいて人とともに一時の戯れを戯れるものであることを悟ることができたならば、名利《みょうり》の心に執着して狂気に至ることなく、たとえ、家を亡ぼし身を殺す逆境が訪れても、自ら心の安らぐところに至るであろう。このような心境に達することができるかどうかは、塾生諸君の心術の修業いかんにかかわっている。このように語りかけるのである（『福沢諭吉全集』第十三巻、五七二―七五ページ）。

福沢の人生哲学は、仏教的無常観と西洋近代の科学的宇宙観に支えられて、社会生活の次元では文明の進歩のために誠意を尽くして努力しながらも、その結果に対しては執着心を捨てよ、と教えている。

仏教は、修行によって「悟りの世界」に往《い》った人は、再び「迷いの世界」に還ってきて慈悲の利他行を実践せよ、と教えているが、福沢の生き方には、このような「還相《げんそう》の思想」が秘められているように思われる。

私もまた、人生には、〝表座敷〟の生活とは別に、〝控えの間〟を設けていて、何かの機会に〝控えの間〟に帰り、実生活を一歩下がったところから眺めて笑い飛ばすユーモアの心がもてたらよいと思っている。表座敷の生活だけに執着していては、人間の苦悩は絶えないであろう。現代人は、受験生もビジネスマンも〝控えの間〟をもつことができたら、「安心《あんじん》」の生活を送ることができるであろう。そのためには、福沢の説くように、ある種の人生智を求めての「心術の修業」が要求される。

生涯学習が実りある成果を収めるためには、成人にとっても若者にとっても、このような自発的な「こころの教育」が、今、特に社会的なレベルで要求されるのではないかと思うのである。

終章

「こころの教育」の源泉としての正直な家庭生活

著者の父と次兄と母（昭和12年）

昨年（二〇〇〇年）には、バスジャックや殺人など青少年による凶悪犯罪が相次いで起こっている。特に、金属バットによる二件の母親殺害事件は、社会に測り知れない衝撃を与えた。

これらの事件は、それぞれに特殊な事情が複雑に絡み合って起こったものであるが、その遠因は深く戦後の教育や政治・経済・社会の歪みに由来することは疑えない。

だが、その歪みの原因を、単純に「戦後民主主義の行き過ぎ」に帰して、憲法や教育基本法の改正を企図する動きが旧勢力にみられるのは、歴史に逆行する危険な兆候であると言わなければならない。その点については、すでに詳細に論じたとおりである。

教育荒廃をもたらした最大の原因は、個人の尊厳な価値を無視した過酷な競争による選別教育にあることは明白である。だが、この選別教育を改めて人間性の全面開花を目指す「こころの教育」に向け変える道は、遠く険しい。

「こころの教育」の源泉は正直《せいちょく》な家庭生活であることは、多くの識者の指摘するところである。荒廃した学校教育を正す道も、それなしにはありえない。

福沢諭吉は、一歳半のときに大坂にあった中津藩の蔵屋敷の回米方に勤めていた父の急死にあい、母に連れられて兄と三人の姉とともに中津に帰ってきた。十三石二人扶持の下士族の家計は苦しかったが、母は正直《せいちょく》な亡父の遺訓をいつも語り聞かせながら子どもたちを教育した。福沢は父の人柄について、『福翁自伝』の中で次のように述べている。

其書遺したものなどを見れば、真実正銘の漢儒で、殊に堀河の伊藤東涯先生が大信心で、誠意誠心屋漏《おくろう》に愧ぢずといふこと斗《ばか》り心掛けたものと思はれるから、其遺風は自から私の家には存して居なければならぬ。一母五子、他人を交へず世間の付き合いは少なく、明けても暮れても唯母の話を聞く斗り、父は死んでも生きてるやうなものです。

(『全集』第七巻、八―九ページ)

また、福沢思想の原型とも言うべき「中津留別の書」の中で、「人倫の大本は夫婦なり」との家族論の根本原則に立って、夫婦は互いに敬愛しながら協力して「威光」と「慈愛」によって子どもの養育にあたらなければならない、と説いている。

特に、道徳教育についての次の提言は傾聴に価する。

父母の行伏正しからざるべからず。口に正理を唱るも、身の行ひ鄙劣《ひれつ》なれば、其子は父母の言葉を教とせずして其行状を見慣ふものなり。

（『全集』第二十巻、五一－五二ページ）

さらに広く、子どもの人間教育について、父母は子を愛するだけでなく事物の「道理」を弁《わきま》えなければ、本当の教育ができないことを、次のように説いている。

父母の性質正直《せいちょく》にして子を愛するを知れども、事物の方向を弁ぜず一筋に我欲する所の道に入らしめんとする者あり。これは罪なきに似たれども、其実は子を愛するを知て子を愛する所以の道を知らざる者といふべし。結局其子をして無智無徳の不幸に陥らしめ、天理人道に背く罪人なり。

（前掲書、五二ページ）

父母が子どもを教育するにあたって、父母もまた智恵と徳義の両面を磨くことの必要を力説している点は、今日の家庭教育に欠如しているものを鋭く指摘しているように思われる。

同じことは、カントを育てた家庭教育についても妥当する。彼の場合それは、前述したように、貧しい馬具職の家庭での勤勉で正直《せいちょく》な父と信心深い母による不言の教えであった。晩年のある手紙の草稿（篠田英雄訳「カント書簡集」）の中で、彼はこのことについて次のように記している。

わたしの家系について誇りうることは、正直《せいちょく》であり道徳的に正しいという点において模範的であった両親が、わたしに財産こそ（しかしまた借金をも）残しませんでしたが、一つの教育を与えてくれたことです。この教育は、道徳的方向からみて、これ以上のものはありえないほどすぐれたものでした。わたしは、これを思い出すごとに、つねに深い感恩の情を禁じ得ません。（アカデミー版『カント全集』第十三巻、四六一ページ）

今日、青少年をとりまく教育環境は、家庭・学校・地域社会ともに悪化の一途を辿り、二十一世紀に向かって明るい展望の兆しすら見出せない。いじめや不登校、自殺、凶悪犯罪がマスメディアを賑わす度ごとに、現場で苦悩する父母や教師の声よりも、現場を知らない「評論家」の非現実的な議論が罷り通り、ほとぼりが冷めれば、何の解決の手掛かりすら見出すことなく忘れ去られていく。

教育荒廃から子どもを救い、「こころの教育」を実践する主体は、文部省でもなければ教育委員会でもなく、正直《せいちょく》な父母であり、その教育意思の負託を受けた教師でなければならない。そして行政機関は、そのための条件整備に力を注がなければならない。百の論議より一つの地道な実践の時節が到来している。そのためには、父母も教師も、自らの良心に恥じない正直《せいちょく》な行動と生活が要求されることを銘記しなければならない。

あとがき

先年、浄土宗大本山鎌倉光明寺の藤吉慈海法主から、インド人の生活理想についてのお話を伺った。

人は生まれてから、社会の人々のお世話になりながら成人になるための修行をつむ「梵《ぼん》行《ぎょう》」の時期を経て、結婚して家庭をもち社会のために貢献する「家住《かじゅう》」の時期を迎える。社会活動を終えた後、家を出て自己自身に向き合い修行を深める「林棲《りんせい》」の生活を営み、最後に小さな自己を忘れ果てて大自然の生命と共生する「遊行《ゆうぎょう》」の境地至る。

ここには「生きることの意味」が見事に説得力をもって語られている。複雑な現代社会の中で、ともすれば本道をそれて岐路に迷い込むことの多い私たちにとって、生きるための智恵がはっきりと示されている。

上述のインド人の生き方のカテゴリーをあてはめると、本文の「第1章　私を育てた『こころの教育』」は、私にとって「梵行」にあたり、「第2章　私の実践した『こころの教育』」は「家住」にあたると言ってよい。

小著は、定年退職後の「林棲」の今、教育荒廃にあえぐ子ども、父母、教師の方々に贈るために、三十余年の教師生活の哀歓を込めて書かれたものである。

なお小著は、同人誌「邪馬台」に掲載されたものをもとに、これを加筆・推敲してまとめたものである。第1章は「過去が現在を養う」という表題で、平成八年秋号から翌年夏号まで、第2章は「人間教育への提言」という表題で、平成十年秋号から平成十二年秋号まで、それぞれ掲載されたものを『「こころの教育」への提言』という新表題にまとめたものである。そのため記述内容に多少重複箇所が見られる。この点については、読者のご寛恕をお願いしたい。

二〇〇一年一月十八日　七十三回の誕生日に

高橋弘通

高橋弘通（たかはし・ひろみち）　1928年，福岡県行橋市に生まれる。1945年，旧制豊津中学校卒業。1948年，旧制福岡高等学校（理科甲類）卒業。1951年，京都大学文学部哲学科卒業。1951－55年，同大学院（旧制）在学。1955－88年，大分県の高校教員。1995－2000年，東九州女子短期大学非常勤講師。専攻＝西洋近代哲学（カント）。西日本哲学会，福沢諭吉協会の元会員。著書に『福沢諭吉の思想と現代』，『森の中の旅人』（以上，海鳥社），『未来をひらく道徳教育の研究』（共著，保育出版社），論文に「カント道徳哲学の根拠に関する一考察」（前記学会紀要），「これからの道徳教育を考える」，「福沢思想の源泉としての『西洋事情』」（以上，前記大学研究紀要）などがある。2001年５月死去。

「こころの教育《きょういく》」への提言《ていげん》
教 育荒廃《きょういくこうはい》にあえぐ子《こ》ども・父母《ふぼ》・教師《きょうし》に贈《おく》る

■

2001年11月15日　第１刷発行

■

著者　高橋弘通
発行所　有限会社海鳥社
〒810-0074 福岡市中央区大手門３丁目６番13号
電話092(771)0132　FAX092(771)2546
印刷　有限会社九州コンピュータ印刷
製本　日宝綜合製本株式会社
ISBN 4-87415-354-2
［定価は表紙カバーに表示］